재잘재잘
그림책 읽는 시간

재잘재잘 그림책 읽는 시간

초판 1쇄 2020년 4월 1일 초판 2쇄 2021년 4월 10일

글쓴이 김여진·최고봉 편집 최유정 디자인 구민재page9
펴낸곳 도서출판 단비 펴낸이 김준연 등록 2003년 3월 24일(제2012-000149호)
주소 경기도 고양시 일산서구 일중로 30, 505동 404호(일산동, 산들마을)
전화 | 02-322-0268 팩스 02-322-0271 전자우편 rainwelcome@hanmail.net

ⓒ 김여진·최고봉, 2020
ISBN 979-11-6350-023-0 03370 값 15,000원

※ 이 책의 내용 일부를 재사용하려면 반드시 저작권자와 도서출판 단비의 동의를 받아야 합니다.
※ 이 도서의 국립중앙도서관 출판시도서목록(CIP)은 e-CIP 홈페이지(http://www.nl.go.kr/ecip)
   에서 이용하실 수 있습니다. (CIP제어번호: CIP2020010697)

재잘재잘
그림책 읽는
시간

김여진 · 최고봉 글

단비
danbi

| 글머리 |

지금은
그림책을 펼칠 시간

　드디어 1년간의 대화와 다짐 속에서 나온 『재잘재잘 그림책 읽는 시간』을 펴냅니다. 이 책을 집필한 김여진, 최고봉은 2018년 2월 서울에서 있었던 한 책모임에서 마주쳤습니다. SNS로 교류하던 두 사람은 2019년부터 '그림책 수다 모임'이라는 일종의 번개모임을 함께 운영하게 되었습니다. 이 모임은 그림책을 좋아하는 교사, 작가, 출판계 그리고 독자가 만나 교류하는 자리입니다. 서울, 전주, 수원, 춘천 등 여러 지역을 옮겨 다니며 그림책 수다를 나누던 그 기획이 이렇게 단행본으로 묶여 나오게 되었습니다.

　그림책은 참 다양한 색깔을 갖고 있습니다. '옛날 옛적에…'로 시작할 것 같은 옛이야기 그림책도 있고, 상상의 날개를 펴는 판타지 그림책도 있습니다. 유명한 원작을 비트는 패러디 그림책, 과학과 환경 같은 내용을 다루는 정보 그림책도 있습니다. 영아와 유아를 위

한 그림책도 있지만 어른을 위한 그림책도 있고 여러 독자층을 고려하는 이중독자 전략을 구사하는 그림책도 많이 볼 수 있습니다. 글자가 아예 없는 그림책부터 상당히 글이 많은 그림책을, 판형이 큰 그림책부터 미니북 같은 그림책도 찾을 수 있습니다. 또한 정교한 작업을 거친 수제 팝업북처럼 예술의 경지에 도달한 그림책도 종종 만납니다.

　세계 그림책의 역사는 약 400년이 넘었고 한국 그림책의 역사도 이제 적지 않게 형성되었습니다. 그 사이에 그림책은 양적, 질적으로 눈부시게 발전했습니다. 요즈음에는 그림책을 읽고 또 읽어도 모르는 작품이 계속 나옵니다. 그래서 '그림책을 좀 안다.'고 말하는 순간 오만이 되어 버립니다. 부끄러움을 무릅쓰고라도 이렇게 그림책을 소개하고, 그림책 수업 사례를 담는 것은 더 많은 사람들이 그림책을 읽기를 바라는 소원 때문입니다. 그림책은 도서관에서, 집에서, 학교에서 쉽게 접할 수 있는 책이 되었습니다. 그렇지만 조금 더 쉽게, 깊이 있게 읽을 수 있는 연구는 얼마 전부터 시작이라고 생각합니다. 우리도 그런 흐름에 동참할 수 있기를 바라며 이 책을 여러분 앞에 내어 놓습니다.

이 책의 1부는 '초록연필의 서재'를 운영하는 김여진이 집필했습니다. 김여진은 서울 지역에서 초등교사로, 〈좋아서 하는 그림책 연구회〉 일명 '좋그연'의 운영진으로 그동안 활발하게 그림책 연구와 수업을 진행했습니다. 좋그연은 매주 1회 운영진 모임을 갖고 그림책을 공부하고 있습니다. 또 매월 마지막 주에는 운영진 이외의 분들도 참여할 수 있는 공개 워크숍을 개최하고 있습니다. 몇 해 동안 그림책 연구와 공개 워크숍을 진행하면서 다양한 교사와 독자, 출판계 분들과 교류했습니다. 지난 2019년, 학교에서는 학생과 함께 영어 그림책을 만드는 실험도 해 봤습니다. 김여진은 이 책에서 세상에 조금 덜 알려진 그림책을 발굴하고 알리는 데 초점을 맞췄습니다.

2부는 최고봉이 2019년에 '행복한 아침독서'가 발간하는 「초등 아침독서」에 연재했던 글을 수정 보완한 것입니다. 이 책에 수록된 원고 중 일부는 「초등 아침독서」에 2019년 2월호부터 12월호까지 총10회에 걸쳐 연재가 되었습니다. 당시 연재한 글은 지금도 웹사이트에서 '최고봉 선생님의 재잘재잘 그림책 토론'이라는 코너로 확인할 수 있습니다. 원고를 다듬고 가독성 있게 편집해 준 행복한 아침독서 박은아 편집자에게 이 자리를 빌어 감사의 인사를 전합니다.

최고봉은 〈강원토론교육연구회〉가 쓴 『이야기가 꽃피는 교실 토론』, 『말랑말랑 그림책 독서 토론』의 대표 저자였습니다. 그 인연으로 그림책협회 회원이 되었고, 그림책을 알리고 재미있게 읽는 방법을 연구하는 데 노력하고 있습니다.

　『재잘재잘 그림책 읽는 시간』은 그림책을 읽고 싶은 독자, 수업 시간에 그림책을 활용하고 싶은 교사와 강사, 그리고 그림책 연구자 등을 위한 책입니다. 그림책은 읽고 또 읽는 작품입니다. 그래서 우리는 엄마와 자녀가, 선생님과 학생이, 할머니, 할아버지와 손주가 함께 그림책을 읽는 모습을 상상합니다. 지금은 그림책을 펼칠 시간, 이 책과 함께 그림책이 더욱 사랑받기를 기원합니다.

2020년 4월
저자 김여진, 최고봉 드림

차례

글머리

지금은 그림책을 펼칠 시간 • 4

 당신을 위한 그림책

두 눈으로 보면서도 보이지 않는 존재들 • 12
시간으로 빚어진 세상 • 20
쓸모없고 아름다운 일 • 29
나를 단단하게 지켜 내는 법 • 37
책을 향한 달콤한 고백 • 45
여기 아닌 어디라도, 탁 트인 곳으로 • 51
먼발치, 타인의 아픔 • 61
소멸하는 감정, 남아 있는 감정 • 69
낯선 문을 노크할 용기 • 78
수줍지만, 연결을 원해요 • 85
아름다운 균열 • 91
취미는 질문 • 100

재잘재잘 그림책 이야기

상처받은 사람들의 이야기 • 110
당신에게 스마트폰은? • 120
문제 해결의 실마리를 찾아서 • 130
어느 별에서 왔니? • 140
상상의 세계로 떠나는 모험 • 150
이상한 집이 만든 유쾌한 상상력 • 160
경쟁사회를 다시 생각하며 • 170
아주 사소한 소원을 찾아서 • 179
분열과 협력 이야기 • 188
유쾌하지만 민주주의를 생각해 • 197
그대, 걱정 말아요 • 206
패러디 그림책으로 삶의 다른 면 살펴보기 • 216

부록1 책에 실린 그림책을 소개합니다 • 224
부록2 쉽게 만나는 그림책 수업 방법 • 230

추천의 글1 그림책의 숲, 여기로! • 240
추천의 글2 현장에서 그림책으로 다양한 활동을 • 242

1부

당신을 위한 그림책

두 눈으로 보면서도
보이지 않는 존재들

『콰앙!』과 공존

얼마 전 무심코 TV를 켰습니다. 퇴근 후, 지친 몸을 달래기에는 방송에서 사람들이 수런대며 떠드는 백색소음이 가장 좋거든요. 뉴스가 나오기에 그냥 리모컨으로 채널을 돌릴 생각이었습니다.

"아프리카돼지열병 확산 예방의 일환으로 돼지 수백만 마리를 폐사시킨 가운데, 민가에 출몰하는 멧돼지들도 주민들의 골머리를 썩이고 있습니다. ○○군 도로에서 발견된 멧돼지 한 마리를 사살하였으며 인명 피해는 없었습니다."

요즘 날마다 듣는 뉴스였지요. 그런데 이상하지요. 그날따라 저

『**콰앙!**』 조원희 글·그림, 시공주니어

는 고개를 들어 화면을 보았습니다. 눈에 들어온 건 고속도로에 누워 있는 멧돼지 한 마리였어요. 사람들이 총으로 멧돼지를 사살하는 장면이 화면을 통해 흘러나오고 있습니다. 제 눈을 의심했지만 그건 사실이었습니다. 뉴스에서는 멧돼지를 죽이는 장면을 모자이크 처리도 없이 내보내고 있었습니다. 물잔을 든 손이 바르르 떨렸습니다. 우리는 어쩌다 이렇게 됐을까요? 무감각하게 그걸 내보내는 방송국이나, 그걸 아무렇지도 않게 보아 넘기는 저 같은 시청자들이나요. 사정없이 눈물이 났습니다.

동물들은 그림책의 단골 주인공입니다. 아무 그림책이나 손에 잡히는 대로 뽑아 와도 동물이 없는 그림책을 찾기가 어려울 정도로요. 하지만 우리는 얼마나 동물들을 우리의 소중한 이웃으로 생각하고 있나요? 일상생활에서는 동물이 보이지 않는다고요? 혹시, 없는 게 아니라 어딘가 우리가 찾지 못하는 곳에서 간신히 생활하고 있는 것은 아닐까요?

『콰앙!』은 우리에게 꽤나 충격을 주는 그림책입니다. 조원희 작가는 『중요한 문제』, 『이빨 사냥꾼』(이상 이야기꽃)으로 큰 사랑을 받고 있는 분이지요. 특히 『이빨 사냥꾼』은 2017년 볼로냐 라가치상 픽션 부문의 상을 수상하기도 하였고요. 조원희 작가의 작품은 언제나 묵직한 문제의식을 담고 있습니다. 우리를 위로하고, 부드럽게 쓰다듬고 눈물을 고이게 하기보다는 좀 더 매서운 눈으로 바라보자고 말합니다. '이 문제에 대해 생각해 봤니?' '한 번이라도 고민해 본 거야?' 하듯이 예리한 화두를 던지지요. 이번 작품 『콰앙!』도 예외는 아닌데요. 함께 살펴볼까요?

표지에는 작은 소녀가 길을 건너고 있습니다. 어째 슬슬 불안해집니다. 제목이 '콰앙!'이잖아요. 무슨 일이 벌어지는 건 아닐까요? 예감이 틀리는 법이 없지요. 앞만 보고 바삐 걸어가는 사람들이 일제히 한 곳을 쳐다봅니다. '콰앙!' 소리가 났거든요. 표정이 잔뜩 긴장된 채로 사람들은 그곳으로 긴급히 달려갑니다. 젊은 연인도, 아이와 엄마도 깜짝 놀랍니다. 아니나 다를까 표지에서 살금살금 걸어가고 있던 그 소녀가 길바닥에 누워 있습니다. 이게 도대체 무슨 일일까요! 왠지 조마조마하더라니, 결국 일이 나 버렸습니다.

어린아이가 사고를 당해 바닥에 누워 있다면 여러분은 어떻게 하시겠어요? 다들 지체하지 않고 도와주러 달려올 거예요. 아이의 엄마도, 구급차도, 경찰차도 서둘러 달려옵니다. 그 아이를 도와주기 위해서요. 아이가 심하게 다치지 않았고, 구급대원들의 조치를 받은 뒤 안전하게 이송되는 것을 보고 사람들은 안도의 한숨을 내쉽니다.

"많이 안 다쳐서 다행이다."

이 그림책의 포인트는 역시 짧지만 강렬한 의성어 제목 '콰앙'에 있습니다. 첫 번째 콰앙에서는 어린아이가 예상치 못한 사고로 다치게 되지요. 그러면 두 번째 콰앙에서는 무슨 일이 일어날까요? 역시 좋지 않은 예감이 드는 건 마찬가지입니다. 불행하게도 두 번째에서도 어린 존재가 바닥에 쓰러져 있습니다. 사람들은 구두 소리를 탁

탁탁 내며 헐레벌떡 뛰어옵니다. 그런데 이게 무슨 일이죠? 사람들은 잠시 그 광경을 지켜보다 서둘러 흩어져 버립니다. 무슨 일인지 도대체 모르겠습니다. 좀 전에 그랬듯 구급차와 경찰차가 달려와야 하는 것 아닌가요? 왜죠? 꼼짝 않고 도로 한중간에 누워 있었던 건 다름 아닌 고양이였거든요. 아주 조그마한 아기 고양이요. 이제야 사람들이 별일 아니라는 듯 재빨리 흩어지는 모습이 이해가 갑니다. 아기이긴 하지만, 고양이잖아요. 고양이는 사람이 아니잖아요. 그쵸, 별일 아니잖아요. 아무 일 아니잖아요.

표현에 대해 좀 더 주의를 기울여 볼까요? 작가의 색 사용은 매우 탁월합니다. 처음에 등장하는 사람들은 온통 푸른색입니다. 푸른색 사람들 사이에 둘러싸여 있는 여자아이는 회색이지만, 무릎에서 흐르는 피만 빨간색으로 도드라지게 표현되어 애처로움을 더하지요. 잇달아 달려오는 구급대원들은 주황색, 경찰들은 회색으로 칠해져 있지요. 인물과 배경은 단순화되어 있고, 색의 사용은 절제되었습니다. 절제된 색의 사용은 서사 이해를 쉽게 돕기도 하며, 긴장감을 주기도 합니다.

몇 년 전 뉴질랜드 여행을 다녀왔습니다. 눈이 시리도록 아름다운 에메랄드 빛 호수가 수백 개가 넘는 곳, 새들의 천국, 바로 뉴질랜드였죠. 대중교통이 마땅치 않아 렌트카를 빌려 한 달간 여행을 했습니다. 허파가 다시 태어나는 느낌이 들 정도로 공기는 깨끗했고, 지천에 동물들이 있었습니다. 그리고 도로 위에도요. 예외는 없었습니다. 저는 차에 깔려 납작해져 있는 새들의 숫자를 세기 시작했습니다. 하나, 둘, 셋… 십수 마리가 넘어서자 저는 납작해진 새의 마리 수를 세는 것을 포기했습니다. 새들은 부웅 하는 자동차 소리를 들으면 놀라서 앞으로 돌진했습니다. 차가 오면 뒤로 가면 되잖아요? 그건 사람들이나 할 수 있는 움직임이었습니다. 놀란 새들은 더욱 빠르게 돌진하여 차와 충돌하고 말았습니다. 차를 모는 저 같은 사람들이 아니었으면 지금도 예쁜 빛깔을 뽐내며 한참을 더 살았을 어여쁜 새들. 거기서 납작해진 채로…

납작해진 그 새들은 『콰앙!』의 아기 고양이와 무척이나 닮아 있습니다. 거기에 버젓이 누워 있는데 아무도 쳐다봐 주질 않으니까요. '모닝 노크'라는 말 들어보셨나요? 추운 겨울 길고양이들은 살아남기 위해 안간힘을 쓴답니다. 고양이의 평균 수명은 10~15년 정도 된다고 합니다. 그러나 길고양이들의 평균 수명은 3~5년에 불과하죠. 게다가 뼈가 시리도록 추운 한겨울을 지나고 나면 길고양이들의 개체수는 현격히 줄어듭니다. 겨울을 결국 버텨 내지 못하는 거죠. 체온을 지키기 위해 길고양이들은 자동차 후드에 숨곤 한답니다. 방금 운전을 마친 차들은 여전히 온기를 품고 있거든요. 그런데 그 길로 밤새 잠이 든 고양이들이 차 주인이 아침에 다시 돌아와 차를 모는 걸 모른 채로 후드에 낀 채로 희생을 당하는 경우도 많다고 해요. 가슴이 미어지는 이야기입니다. 그래서 요즘은 안타깝게 사고를 당하는 길고양이들이 발생하지 않도록 일부러 발을 세게 구르거나, 차문을 똑똑 두드리거나, 경적을 한두 번 울리는 등 신호를 주는 게 좋다고요. 이걸 모닝 노크라고 부른다는군요.

교실에서 우리는 편지를 써 보기로 했습니다. 동물들에게 미안함을 전하는 편지가 아니었습니다. 내가 동물이 되어 편지를 써 보기로 한 것이지요. 아이들은 신중하게 어떤 동물이 되어 볼지 고민에 빠졌습니다. 몇 개의 가슴 절절한 편지를 소개합니다.

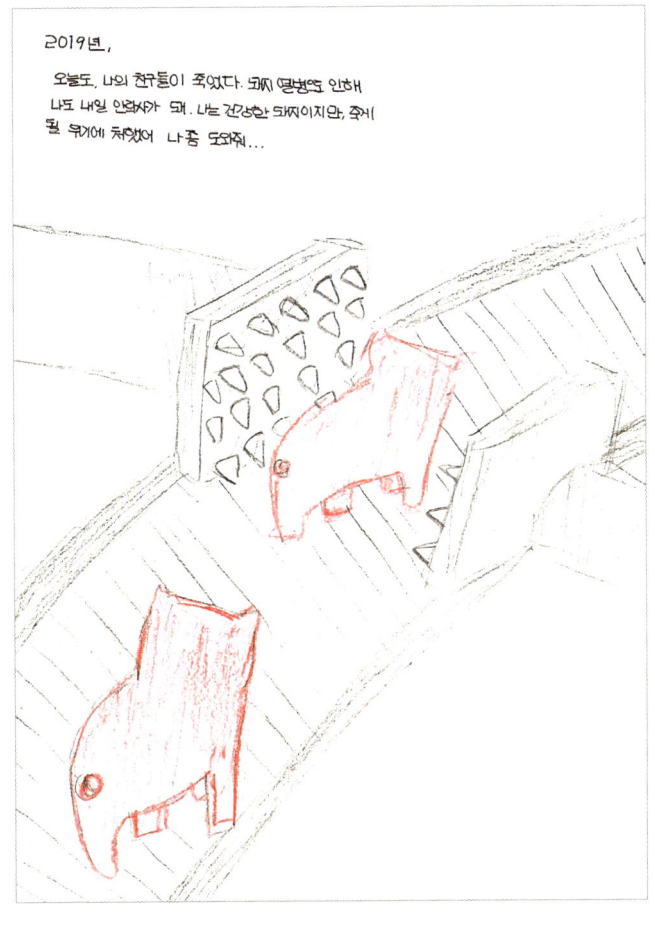

2019년,

오늘도, 나의 친구들이 죽었다.

돼지 열병으로 인해 나도 내일 안락사가 돼.

나는 건강한 돼지이지만, 죽게 될 위기에 처했어.

나 좀 도와줘…

먹히기 위해 태어나는 개가 되어 스스로에게 편지를 남긴 친구도 있습니다.

앞으로 개고기가 될 나에게

나는 앞으로 보신탕이 될 개야.

지금부터 내 이야기를 들려줄게.

나는 이름 없는 떠돌이 개였어.

근데 어느 마스크를 낀 사람들이 나를 잡아갔어.

깨어나 보니 나는 철창에 갇혀 있었어.

내가 돌아다니던 길보다 훨씬 좁고, 더러웠어.

근데 다른 개들이 내가 보신탕으로 만들어진대.

나는 믿을 수 없어서 마구 짖어 댔어.

다른 개들도 같이 짖어 댔지.

나는 결국 어떻게 죽게 되는 걸까?

돌고래가 되어 간절한 편지를 쓴 친구도 있었고요.

인간들에게

안녕? 나는 12살 돌고래야. 나는 원래 제주도 출신인데 사람들이 나를 몰래 잡아서 아쿠아리움에 가두었어. 사람들은 수족관이 넓다고 생각하지만 사실은 매우 좁아. 돌고래는 원래 훨씬 더 많이 돌아다녀야 하는데 여기서는 그럴 수가 없어. 돌고래는 많이 돌아다니지 않으면 건강이 나빠진대. 그러면 얼마 살지 못하고 죽고 말거야.

우리가 생각지도 못한 곳에, 도처에 소중한 생명이 있습니다. 우리는 자주 잊어버립니다. 우리가 빼앗은 동물들의 터전은 얼마나 될까요, 앞으로도 얼마나 빼앗게 될까요. 마음이 무거워지지만, 포기하지 않고 여기저기 똑똑 두드리겠습니다. 같이, 노크하실래요?

시간으로
빚어진 세상

『1초마다 세계는』과 시선의 확장

숫자는 힘이 셉니다. 저는 숫자 몇 개만으로 여러분을 공포에 질리게 할 수 있습니다. 0.88은 우리나라 사람들을 시름에 잠기게 하는 숫자입니다. 올해, 성인 남녀 두 명이 결혼하여 0.88명의 아기를 낳았습니다. 가슴 깊숙한 곳에서부터 두려움이 밀려옵니다. 반면, 깜짝 놀라게도 만들 수 있죠. 빌 게이츠는 1초에 150만 원을 법니다. 지금 제가 글의 도입 부분을 쓰는 동안 빌 게이츠는 이미 제 몇 달치 월급을 벌었겠군요. 흠, 좀 빨리 쓸걸 그랬나요!

그림책을 더 많이 접하면 접할수록, 더 파고들면 들수록 매력은

『**1초마다 세계는**』 브뤼노 지베르 글·그림 , 권지현 옮김, 미세기

더해만 갑니다. 여러분은 어떤 그림책에 매혹되나요? 흡입력 있는 서사를 갖춘 그림책, 아름다운 그림을 가진 그림책, 혹은 메시지가 뚜렷한 그림책이요? 우리를 울거나 웃게 만드는 그림책도 있을 테고, 나의 내면을 들여다보게 하는 그림책도 있을 테지요. 지금 함께 볼 그림책은 숫자의 나열만으로도 우리의 마음을 들썩거리게 하는 논픽션 그림책 『1초마다 세계는』입니다.

무엇보다 이 예리하게 빛나는 그림책을 세상에 발굴해 준 볼로냐 라가치상에 대해서 말하지 않을 수 없네요. 볼로냐 라가치상은 이탈리아 볼로냐 국제 아동도서전에서 매년 3월에 수여하는 상입니다. 우리나라에서도 안효림 작가의 『너는 누굴까』, 배유정 작가의 『나무, 춤춘다』(이상, 반달), 정진호 작가의 『벽』(비룡소), 채승연 작가의 『그림자 하나』(반달) 외에도 많은 작품들이 볼로냐 라가치상을 수상한 바 있습니다.

분야가 따로 없고 매년 정해진 6권만 상을 수여하는 칼데콧상과는 달리 볼로냐 라가치상은 분야를 세세하게 나누어 수상하고 있지요. 픽션, 논픽션 분야를 비롯하여 새로운 시도를 한 그림책에게 주어지는 뉴 호라이즌, 신인을 격려하는 오페라 프리마가 있습니다. 볼로냐 라가치상이 얼마나 다양한 분야에까지 지대한 관심을 갖고 있는지 한눈에 알 수 있습니다. 폭넓은 분야의 그림책에 수상을 한다는 것은 또한 두터운 작가층을 지원한다는 의미이기도 합니다. 그래서 매년 그 어떤 상보다도 큰 기대를 갖고 기다리게 됩니다. 『1초마다 세계는』은 2019년 볼로냐 라가치상 논픽션상을 수상하였습니다.

주인공이나 뚜렷한 줄거리가 없어도 탁월한 그림책을 만들 수 있다는 얘기가 되겠지요?

이 작품은 처음부터 끝까지 1초 동안 세상에서 일어나는 일들을 담백하게 나열하고 있습니다. 1초 동안 결혼은 2번, 탄생은 4명, 사망은 2명이라는 식으로요. 그 누구도 죽음을 피해 갈 수 없다는 것은 알지만, 우리는 얼마나 죽음을 자주 생각하나요? 지금 눈을 깜빡, 하고 떴다 감는 동안 지구 반대편에서는 몇 명이 세상을 떴겠군요. 새로 태어난 아기의 건강한 울음소리도 들리는 듯합니다.

이 그림책의 매력은 단연코 '대조'입니다. 작품을 통틀어 그 어떤 감정도 표면에 드러나지는 않습니다. 하지만 숫자와 그림을 함께 결합하여 보는 우리들은 일련의 감정들을 느끼게 됩니다. 눈 깜빡하는 1초 동안 이뤄지는 죽음과 탄생의 교차 앞에서 우리는 저절로 숙연해집니다. 왼쪽 페이지, 오른쪽 페이지에 작가가 의도한 내용을 적절한 순서대로 제시합니다. 이게 바로 편집의 묘미죠. 편집은 어떤 책을 완전히 다른 책으로 탈바꿈시키기도 하니까요. 다른 페이지를 볼까요? 왼쪽에는 책, 오른쪽 페이지엔 스마트폰입니다. 1초마다 책이 14권 팔리지만, 스마트폰은 40대 팔린다는군요. 왠지 마음이 불편해지죠? 작가가 그런 불편함 감정을 독자에게 뚜렷이 드러내고 있진 않지만 말이죠.

음식 부분도 흥미롭습니다. 1초 동안 스테이크 1200kg이 구워지고, 햄버거는 110개가 팔리며 아이스크림은 412개가 팔린다는군요. 이제 눈치가 빠른 독자들은 불편함을 넘어 죄책감마저 느끼게 됩니다. 스테이크 너머에 고기로 소비되고 생을 다하는 소들이 보이고, 아이스크림 너머에 인간에게 젖만 제공하다 사라져 가는 젖소들이 보일 테니까요. 1초에 비행기는 1대가 이륙하고, 1대가 착륙합니다. 철저히 가치중립적이죠. 하지만 독자는 자신의 배경 지식과 경험에 비추어 얼마든지 의미를 부여할 수 있습니다. 세계적인 록밴드 콜드플레이의 예를 들어 보죠. 콜드플레이는 2019년 새로운 앨범을 냈으나, 세계 투어를 포기합니다. 전 세계를 종횡무진하는 경우, 밴드와 스탭들은 전세기로 이동을 합니다. 그 과정에서 발생하는 이산화탄소는 엄청납니다. 밴드의 이동만이 문제가 아닙니다. 그 공연을 보기 위해 이동하는 수십만 명의 팬들이 비행기를 이용하면서 발생하는 이산화탄소의 양은 37만 톤에 달합니다. 미국과 유럽을 비행기가 200번 이상 왕복할 때 발생하는 양이라고 하지요. 감정 없는 통계와 정제된 그래픽에서 우리는 많은 것을 읽어 냅니다. 이게 바로 논픽션 그림책의 묘미 아닐까요.

결혼, 탄생, 사망으로 시작한 이 그림책은 지구의 땅속과 숲을 지나 운석과 우주로 나아갑니다. 1초 동안 운석이 5kg이나 떨어지고 있고, 지구가 태양 주위를 30km나 돌고 있대요. 보이지 않는다고 해서, 우리가 모른다고 해서 그 일이 없어지는 것은 아닙니다. 신발 한 켤레를 놓을 수 있을 정도의 자그마한 책 한 권에서 우리는 세상을 보고, 드넓은 우주까지 봅니다.

브뤼노 지베르는 프랑스 출신으로 그래픽 디자이너 생활을 오래 하다, 어린이책 작업을 시작했습니다. 그래서인지 그의 작업은 철저히 그래픽적이며, 평면적입니다. 입체감과 명암의 표현을 엄격하게 배제하고 가시성을 염두에 두고 작업을 하였죠. 숫자는 크게, 곁들이는 설명은 작은 크기의 텍스트로 표현합니다. 이런 작업의 일관성은 독자를 편안하게 하며, 전달성을 최고로 끌어올립니다. 우리가 통계를 접할 때, 인포그래픽이 많은 것을 떠올려 보면 더욱 이해가 쉽지요.

  1초라는 시간의 다양한 면모에 집중하게 된 시간, 아이들에게 시간의 의미에 대해 한 번 물어봤습니다. 1초, 1분, 1시간, 1개월, 1년 할 것 없이 스스로 시간을 정하고, 그 시간에 무엇을 할 수 있을지 적어 보자고 했지요. 저는 모든 예술과 문학은 내 삶에서 어떤 의미로든 변화를 가져온다고 믿습니다. 가슴이 훈훈해지기도, 기발해서 무릎을 치기도 하는 아이들만의 시간 함께 보실래요?

5초면 유튜브 광고를 건너뛸 수 있는 시간

저녁에 학원을 모두 마치고 고단한 머리를 쉬는 걸 즐기는 동윤이는 그 시간을 이렇게 보내고 있었습니다.

1분이면 멋진 자작곡 1곡이 탄생할 수 있는 시간

음악을 사랑하고, 늘 콧노래를 흥얼거리는 민서의 시간은 이랬고요.

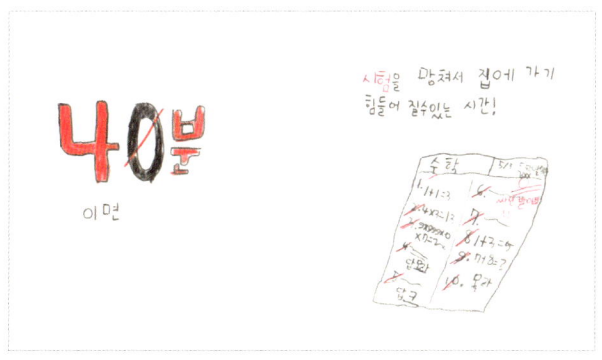

40분이면 시험을 망쳐서 집에 가기 힘들어질 수 있는 시간!

시험에 대한 스트레스를 가감 없이 드러낸 동훈이의 시간도 있습니다.

100년이면… 한 사람이 이 세상을 편히 떠나는 시간

"선생님, 몇 초, 몇 분으로 하지 않아도 되죠?" 하고 묻던 연우는 이렇게 멋진 작품을 남겼습니다.

시간이란 참 묘합니다. 결코 손에 붙잡을 수 없지만, 사라지지도 않으니까요. 우리가 시간을 향해 달려가는 건지, 시간이 우리를 향해 걸어오는 건지는 모르겠습니다. 차라리 강물처럼 유유히 흘러간다고 하는 표현이 더 정확할까요? 문득 영화 〈아비정전〉의 사무치도록 아름다운 장면이 떠오르는군요. 아비(장국영 분)는 수리진(장만옥 분)과 무작정 친해지고 싶어 잠자코 자신의 시계를 보여 주며 함께

12시간이면 해가 지고 달이 뜨는 시간

들여다보자고 합니다. 말없이 1분. 1분이 지나자 아비는 이렇게 말합니다.

"1960년 4월 16일 3시. 우린 1분 동안 함께했어. 이 1분은 지울 수 없어. 이미 과거가 되었으니까. 오후 3시만 되면 넌 나를 생각하게 될 거야."

이 장면은 그 시간을 함께 촬영한 둘에게도, 그 장면을 지켜본 우리에게도 지울 수 없는 1분이 되었습니다. 배우 장국영이 이 세상에 더 이상 없다고 해도 달라질 건 없겠지요. 좀 슬프게 말하면, 우리는 시간 앞에서 조금은 무력합니다. 우린 무형의 것, 시간에 우리의 의지와 관계없이 거칠게 내던져진 셈이거든요. 그렇지만 다행스럽게도 우리에겐 시간이라는 필름이 무제한으로 제공됩니다. 당신은 그 영화의 감독이고요. 어떤 방식으로, 무슨 영화를 만들어 보실 건가요? 레디, 액션!

쓸모없고
아름다운 일

『다니엘이 시를 만난 날』과 시의 발견

　초등학교 다니던 시절 저는 무척 온순하고 말이 없는 아이였습니다. 선생님이 "정답 아는 사람?" 하고 수업 시간에 물으셔도 한 번도 손 든 적 없는 아이. 그러나 항상 답을 알고 있던 아이였죠. 놀랍게도 성실하고 순종적인 저에게도 어김없이 사춘기가 오더군요. 선생님이 발표를 시키지 않고서야 좀처럼 수업 시간에 입을 떼지 않던 저는 중2가 되자 완전 다른 사람이 되었습니다. 질문을 피하던 제가, 질문을 퍼붓기 시작한 것이지요. 그 질문이란 게 어째, 전부 삐딱하고 냉소적인 것들이긴 했지만요.

『다니엘이 시를 만난 날』 미카 아처 글·그림, 이상희 옮김, 비룡소

기술 시간에 "선생님, 축, 베어링, 엔진 이딴 건 왜 배워요? 제가 뭐 자동차 고칠 일이 있겠어요?"라고 이죽거려 선생님 화를 돋웠던 게 시작이었지요. 영어 시간엔 올드팝 'El condor pasa'를 들려주시는 선생님께 "선생님, 다른 곡은 없어요? 곡이 너무 촌스러워요."라고 해서 얼굴을 찌푸리신 채 음악을 꺼 버리는 선생님을 보고 차라리 잘됐다고 생각하기도 했었습니다. 지금 생각해 보면, 저는 정말 선생님들께는 고약한 학생이었을 겁니다. 성적이 좋아서 버릇없이 굴어도 선생님들이 뭐라고 하지 못하는 경우도 많으셨거든요.

중2 여름, 국어 시간이었습니다. 국어 선생님은 눈에 띄게 쾌활하고 설명도 재미있게 해 주시는 터라, 평소에 시비 걸 일이 많이 없었습니다. 그러나 그날은 아주 큰 건수가 있었습니다. 바로 시 수업이 있던 날이었거든요. 세상에서 가장 어색한 조합, 중2와 시. 아니나 다를까 그날 공부했던 시는 큰 재미가 없었습니다. 오늘은 국어 선생님께 좀 까불어도 되겠다 싶었습니다. 손을 번쩍 들고 선생님께 질문을 했습니다.

"선생님, 시 같은 건 왜 있대요?"
"왜, 재미가 없어?"
"당연하죠."
"뭐가 별론데?"
"흥미진진한 줄거리가 있는 것도 아니고, 글도 짧고요. 뭐 좀 읽을 만하면 끝나는데. 이런 건 세상에 왜 있대요?"

반 친구들이 키득키득 웃었습니다. 다 동의하는 눈치여서 왠지 어깨가 으쓱했더랬지요. 그런데 의아했습니다. 국어 선생님도 같이 웃고 계셨거든요. 선생님은 우리들의 불만에 전혀 개의치 않는 것 같았어요. 그래서인지 저는 센 척하고 있었지만 조금 쪼그라드는 느낌이 들었습니다.

"교과서에 있는 시 말고 다른 시 읽어 줄게. 그래도 별로인지 볼래?"
"그러세요. 별 기대는 안 할게요." (웃음)

선생님은 칠판에 분필로 짧은 시 한 편을 써 주셨습니다. 그러곤 이내 눈을 감고 그 시를 외워 읊으셨지요. 일순간 조용-해지는 반. 교실을 감싸는 묘한 공기.

"오 선생님 뭐예요, 평소답지 않게 멋있게!"
"어때 좀 괜찮았어?"
"그걸 어떻게 다 외우세요?"
"좋아하다 보면 저절로 외워지지. 니들도 한 번만 분위기 잡고 소리 내 읽어 봐라."

저도, 반 친구들도 그때만큼은 순순히 칠판에 적힌 시를 소리 내서 읽기 시작했습니다. 어쩐 일인지 모르겠습니다. 처음엔 저도 옆 친구가 들을까 큰 소리를 내지 못하고 우물쭈물. 하지만 주변을 둘러보니 어느새 모두 푹 빠져 시를 외고 있었습니다. 그때부턴 저도 눈치 볼 것 없이 큰 소리로 시에 푹 빠졌었지요. 점점 커져 교실을 한가득 메운 시 읊는 소리. 이젠 그때 친구들과 큰 소리로 외던 시가 무엇인지 기억나지 않습니다. 선생님 성함조차도요. 하지만 그때 그 시에 푹 빠졌던 기분만큼은 여전히 생생합니다.

그때만큼은 건들거리며 선생님께 그런 질문을 했던 게 천만다행이다 싶습니다. 아니면 지금까지 저는 시를 싫어하며 살았을지도 모르는 일이니까요. 제가 시 같은 건 세상에 왜 있냐고 물었던 건 사실은 돌려서 생각해 보면, 시가 싫다는 얘기가 아니었을 겁니다. 시가 뭐냐고, 도대체 뭐냐고 간절하게 묻는 것이었겠지요. 저와 꼭 닮은 아이, 누군지 떠오르시나요? 바로 『다니엘이 시를 만난 날』의 다니엘입니다. 표지의 다니엘은 숱 많은 곱슬머리에 건강한 피부를 가졌네요. 쪼그려 앉아서 곤충과 눈을 마주치고 있습니다. 대화를 나누고 있는 걸까요? 이야기는 이렇게 시작됩니다.

공원에서 시를 만나요.
일요일 6시.

다니엘은 공원 문에 붙어 있는 안내문을 하나 발견합니다. 누가, 왜 모이는지, 공원의 어디인지도 알려 주지 않습니다. 시를 읽거나, 쓰자고 하지도 않고 시를 '만나'자고 poetry in the park at 6 o'clock 합니다. 어떻게 해야 하죠? 독자인 우리가 우물쭈물하는 동안, 다니엘은 망설임 없이 결심합니다. 시가 뭔지 물으러 다녀야겠다고요. 작가가 묘사한 색색의 아름다운 공원은 마치 뉴욕의 센트럴 파크를 꼭 빼닮았습니다. 그림으로 작가의 국적을 가늠해 보는 일은 늘 즐겁죠! 다니엘은 먼저 거미를 만납니다. 거미는 이렇게 말해 주지요.

시는 아침이슬이 반짝이는 거야.
To me, poetry is when morning dew glistens.

다니엘은 이제 조금 더 큰 용기를 내어 동물들에게 다가갑니다. 거미의 말만 들어서는 시가 뭔지 충분히 알 수 없으니까요. 쉽게 시를 알아낼 순 없어요. 다니엘은 오래된 참나무를 타고 올라가다 꼬리의 털이 복슬거리는 청설모를 만납니다.

시는 바삭바삭 나뭇잎이 바스락거리는 거야.
Poetry is when crisp leaves crunch.

시는 낱말 하나하나가 절대적으로 큰 역할을 합니다. 이 작품을 감상할 때 원서와 함께 보면 그 재미는 극대화됩니다. 청설모의 대답을 한 번 뜯어 볼까요? 한국판 그림책에서는 '바삭바삭' 나뭇잎이 '바스락'댄다고 번역되었죠? 원서에서는 'crisp(바삭한)' 나뭇잎이 crunch(바스락, 우드득 등 부서지는 소리)를 낸다고 했습니다. 외국어를 번역하는 순간, 그 말맛이 반으로 줄어든다고는 하지만, 번역해서 그

맛을 두 배로 살려 내기도 하잖아요. 두 권을 함께 펴 두고 감상하면 몇 갑절 즐겁습니다.

거미, 청설모에서 그치지 않고 다니엘은 또 다른 곳에서 더 많은 동물을 만나러 발길을 재촉합니다. 다니엘은 정말 궁금했던 거예요. 시가 무엇인지, 다른 이들에게 시란 무엇인지 말이에요. 월요일엔 거미, 화요일엔 청설모. 아직 일요일까지는 며칠 더 남았습니다. 다니엘은 부지런하게 다른 동물 친구들을 만났을 겁니다.

언젠가 그림책 강의를 갔던 날, 시작하기 전에 어떤 분이 이 책을 책상 위에 올려 두고 계셨던 기억이 납니다. 부푼 마음에 "어, 선생님! 이 책 너무 좋지요?" 여쭈었는데, 의외의 대답이 돌아왔습니다. "저한테는 큰 감흥이 없었어요." 그러실 수 있다고 안심시켜 드린 다음, 강의에서 이 그림책을 공들여 한 장 한 장 함께 소리 내어 읽었습니다. 그냥 읽어 넘기기엔 너무나 아름다운 색의 조합, 가슴에 새겨 간직하고 싶은 시어들. 엄청난 반전이나, 급격한 전개, 시선을 끄는 주인공의 행동이 아니어도 가슴에 부드럽게 스며듭니다. 자극적인 조미료 말고 때론 담백한 맛이 그립기도 하잖아요.

조금은 심심하다 싶은 이 그림책, 아이들에게 어떻게 와 닿았을까 조마조마해하며, "여러분에게 시는 무엇인가요?" 조용히 질문을 던졌습니다. 아이들 손에는 종이 한 장, 연필 한 자루뿐이었습니다. 연필 소리만 톡톡톡 나더니, 아이들은 이내 꽃다발을 한 아름 안기듯 저에게 저마다의 시가 무엇인지 앞다투어 건넸습니다. 함께 보실래요?

나에게 시란

내가 사랑하는 사람들의 웃음소리야.

나에게 시란

우리 모두야.

그리고 내면의 나를 만날 수 있는 조용함이야.

멋진 비유들이 교실 안에서 일렁일렁 춤을 췄습니다. 혼자 보기 아까울 정도입니다.

나에게 시란

종잇장처럼 구겨진 옷이야.

처음 입으면 주름이 많지만 우리를 항상 빛내 줘.

나에게 시란

뜨거운 여름에 내 더위를

식혀 주는 요구르트 바 아이스크림이야.

나에게 시란

끝이 없는 광활한 우주야.

나에게 시란

엄마의 따뜻하고
보드라운 손이야.

아이들은 시에 관심이 없을 거라는, 저의 섣부른 걱정을 탈탈 털어 주는 아름다운 표현을 마지막으로 소개합니다.

나에게 시란
공기 같은 거야.
별로 중요한 것 같지 않은 단어지만
모두에게 빠짐없이 필요하기 때문이야.

다니엘이 몸소 모아 온 시들을 그림책 한 장 한 장 넘겨 가며 읽노라니 치열하게 시를 만났던 영화 한 편을 이야기 나누지 않을 수 없습니다. 이창동 감독의 〈시〉입니다. 미자(윤정희 분)는 중학생 손자를 키우며 낡고 좁은 아파트에 살아가는 노년의 여인입니다. 우연히 가게 된 문화센터에서 시 수업을 듣게 되고, 난생 처음 시라는 걸 써 보게 되죠. 시 선생님(시인 김용택 분)이 사과를 관찰해 시를 써 보라고 하지만 쉽게 시가 써지지 않습니다. 미자는 혼자 이렇게 중얼거립니다. 그녀는 투덜거렸지만, 저는 그 투덜거림에서 시를 보았습니다. 역시 시는 멀리 있지 않습니다.

"역시 사과는 보는 게 아니라 깎는 거야."

나를 단단하게
지켜 내는 법

『B가 나를 부를 때』와 직면

"사람들의 신발을 보면 많은 것을 알 수 있어요."

영화 〈원더〉의 주인공 '어기'는 새로운 사람을 만날 때 얼굴을 보지 않고 신발로 구별합니다. 신발에 특히 관심이 많은 아이냐고요? 사실은 어기에겐 특별한 사정이 있습니다. 안면 기형 장애를 가져 얼굴이 보통 아이들과는 좀 달랐거든요. 자기 얼굴을 보고 놀라는 사람들 반응에 오래도록 상처를 받아 온 어기는 고개를 들고 다니기보단, 고개를 푹 숙이고 다니는 걸 선택했죠. 그게 더 편했으니까요.

『B가 나를 부를 때』 수잔 휴즈 글, 캐리 소코체프 그림, 김마이 옮김, 주니어김영사

몇 년간 홈스쿨링을 하다 비로소 학교에 입학을 했지만, 학교생활이 순탄하게 풀리지만은 않습니다. 어기랑 대화를 해 보기도 전에 가시 돋친 말들을 하는 친구들도 있었기 때문이지요.

외부, 즉 세상으로부터 나 자신을 건강하게 지켜 내는 건 생각보다 어려운 일입니다. 우선, 신체가 다치지 않도록 늘 주의를 기울이고 다녀야겠죠. 갑작스런 질병의 공격을 받지 않도록 꾸준히 운동도 해야 하고요. 하지만 눈에 보이지 않고, 때로는 무척 연약해지는 마음은 어떻게 지켜야 하죠? 특히, 나와 관계 맺은 적 없는 타인들을 상대할 때는 더더욱요. 세상에서 가장 신기하고 어려운 건 역시 관계 아닐까요? 관계의 어려움, 그걸 풀어가는 고유의 방식을 보여 주는 근사한 그림책이 있습니다. 영화 〈원더〉의 주인공 어기와도 닮아 있는 한 아이가 바로 오늘 살펴볼 그림책의 주인공입니다.

『B가 나를 부를 때』는 제목부터 시선을 끄는 그림책입니다. 주인공이 아니고 타인인 B가 더 돋보이는 제목이라니요? B가 도대체 누군지 안 볼 수가 없어지는데요. 이 작품엔 유난히 텍스트가 많습니다. 비극이나 고통을 다룰 때 많은 그림책들은 시시콜콜 모든 걸 표현하기 보다는 넌지시 알려 주는 방식을 택하는 경우가 많지요. 하지만 이 작품은 반대 노선을 선택합니다. 가감 없이 주인공의 머릿속 독백을 다 실어 버립니다. 그만큼 심리 묘사가 상세해서 독자의 감정 이입 또한 깊어지기를 의도했던 것이겠지요.

내가 오늘 학교에 가기 싫은 이유
날 괴롭히는 B 때문에.

B가 오늘 학교에서 내게 하는 일,
내 길 가로막기.
"넌 왜 그렇게 이상하니?"
이런 질문 같지도 않은 질문을 하기.

B의 친구들이 하는 일,
웃기.

다른 애들이 하는 일,
아무것도 안 하기.

이 그림책에는 우리나라의 보통 초, 중고등학교와는 많이 다른 외국 영화에서 자주 본 학교 교정이 나옵니다. 농구 골대가 하나 있고, 학교 건물도 보이고, 울타리와 교문도 보입니다. 아, 저 친구군요. 누가 B인지 바로 알아차렸습니다. B는 팔짱을 끼고 있고 연두색으로 칠해져 있고요. 우리의 주인공은 온몸이 하늘색으로 칠해져 있네요. 작가는 노랑, 연두, 하늘색 등의 파스텔 톤 몇 가지를 사용함으로써 인물을 구별하게 하고, 심리의 변화도 나타내고 있어요. B가 거친 말과 행동을 해도 그저 방관하는 친구들은 하얀색으로 표현되었습니다.

저는 가능하다면 외국 작품은 꼭 원서를 찾아서 비교해 보는 작업을 하곤 합니다. 우리나라 번역서에서 담백하게 'B'라고 표현했지만 원서에는 뚜렷이 'Bully B'라고 쓰고 있지요. 가끔은 이렇게 드러내 놓고 세게 나가는 그림책이 좋습니다. 은근히 암시하는 방식보다는, 또렷하게 소리 내어 말하는 태도 자체가 메시지가 되기도 하니까요.

주인공 아이의 이름은 끝내 알 수 없습니다. 비극의 시작은 익명에서 비롯된다고 생각하는데요. B가 주인공의 이름을 모르는지, 알지만 부르지 않는지 모르지만 대신 부르는 이름이 있긴 합니다. 늘 '이상한 애weirdo'라고 부르지요. 실제로 저와 함께 이 작품을 읽은 아이들 몇은 흥분하며 "야, 니가 더 이상해!" 하고 소리치기도 했습니다.

주인공은 엄마가 잘 잤냐고 물으면 잘 잤다고 대답하고, 학교에서 좋았냐고 물으면 좋았다고만 대답합니다. 그러나 실제로 학교에서 겪는 일들은 주인공의 신체적인 부분에도 영향을 미칩니다. 복도에서 B가 쫓아오는 꿈, B가 놀리는 악몽을 꾸고 잠도 설치지요. 심지어 학교 가는 길에 만난 애벌레 한 마리를 해치고, 짓이기고 싶다고도 느낍니다. 끝내 그런 행동을 하지는 않지만요. 이 작품은 따돌림과 왕따의 처절함과 아픔을 모조리 까발릴 생각인 모양입니다. 실제로 아이들과 이 작품을 읽고는 분위기가 무겁게 가라앉았었습니다. 아이들 모두 생각이 많아졌거든요.

엄마는 자기 아들이 어떤 일을 겪는지 자세히 알지 못해도, 뭔가 심상치 않다는 것을 눈치챕니다. 안절부절 못하며 추궁하기보다는 세심하게 관찰하고 옆에서 조심스럽게 돕는 방법을 택하지요. 그 방법은 바로 '한 발짝 물러서 큰 곳을 바라보기'였습니다. 학교와 집을 오가며 안절부절못했을 아들을 데리고 엄마는 드넓은 잔디밭으로 나갑니다. 그러고는 아무 말 없이 나란히 누워 파아란 하늘을 바라보지요.

엄마와 내가 그다음에 하는 일.
등을 대고 누워서 위를 쳐다보기.

내가 하는 말,
아무것도 없음.

지금 바라보는 게 어떤지,
하늘이 파랗고 큼. 정말 큼.

내가 느끼는 것,
우아!

스파키가 하는 일,
내 얼굴에 뽀뽀하기.

집에 돌아온 주인공은 가만히 방에 앉아 자기가 좋아하는 책들을 읽어 봅니다. 지구와 화산, 지진에 관한 책들이나 행성, 태양, 우주에 관한 책들을요. 자기가 좋아하는 이 지구에 B도 함께 살고 있음을 다시 한 번 생각해 봅니다. 이왕이면 B가 다른 별에 있으면 좋았을 거라는 솔직한 생각도 숨기진 않습니다. 영화 〈원더〉의 주인공 어기도 사실 우주와 진하게 사랑에 빠진 아이였죠. 넓은 세상에 매료되었다는 사실이 결국 스스로를 지켜 내는 힘을 가질 수 있게 도왔던 건 아니었을까요? 어기도, 그림책 속 주인공에게도요. 게다가 친구들과의 관계에서, 또 스스로의 여러 가지 강박에서 벗어나지 못하는 자신에게 따뜻하지만 냉정한 조언을 해 주는 가족들이 있다는 점도 영화와 이 그림책의 공통점이기도 합니다. 이를테면 영화 〈원더〉 속의 누나 비아처럼요. 지레 겁먹고 자꾸 가족에게도 낯선 말을 던지는 어기에게 비아 누나는 이렇게 말해 줍니다. "세상 모든 것이 다 너와 관련 있는 건 아냐."Not everything around the world is about you.

함께 이 그림책을 감상한 아이들은 생각보다 흥분하지 않고 차분했습니다. 어쩌면 저런 주제에 익숙해진 듯도 했습니다. 화를 내고, 소리를 치기보다 그런 상황에 의연하게 대처할 것 같은 느낌이었달까요? 그런 아이들에게 저는 함께 '용기 능력치 카드'를 만들어 보자고 제안했습니다. 이 카드를 지닌다고 그 능력이 바로 생기진 않겠지만, 조금의 응원은 받을 수 있을 겁니다. 제 예상보다도 더욱 기발하고 신박한 카드들이 대거 쏟아졌습니다.

아이들의 용기 능력치 카드를 모아 두고 보니 공통점이 있었습니다. 심리적 위축은 신체적인 변화를 가져온다는 점입니다. 나를 힘들

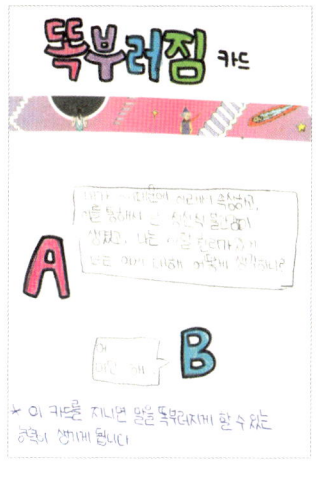

이 카드를 지니면 말을 똑부러지게
할 수 있는 능력이 생기게 됩니다.

이 카드를 지니고 있으면
몸이 전혀 떨리지 않음.

게 하는 친구 앞에서 몸은 떨리고, 목소리는 작아만지고, 입술은 꾹 다물게 되고, 눈은 바닥을 향합니다. 다친 마음은, 몸도 아프게 하는 걸 아이들도 알고 있습니다.

전혀 예상치 못하게 흘러가는 그림책은 얼마나 매력적인가요. B가 여태 해 왔던 행동의 옳고 그름, 비난 대신에 주인공은 다른 말을 걸어 보기로 결심합니다. "우리 둘 다 지구에 발 딛고 서 있어. 물로 가득한 지구는 정말로 소중한 곳이야."라고요. B는 역시 "이상한 애야."라고 대꾸하지만, 주인공은 멈추지 않습니다. "지구는 태양 주위를 돌고 있고, 그 속도는 1시간에 10만 7826킬로미터야. 우리가 지구에서 아무리 멀리 있어도, 함께 우주를 떠다니고 있을 뿐이야."라

| 눈빛으로 째려보면 뭐든지 도망가는 눈빛 카드 | 친구의 마음을 알고 공감해서 더욱 쉽게 문제를 해결할 수 있음. |

고 덧붙입니다. 철학적이고 큰 세계에 대한 말들이 묵직한 힘을 지녔던 것일까요? 언뜻 상황과 전혀 관계 없어 보이는 말을 B에게 건넨 주인공의 몸은 더 이상 하늘색이 아닙니다. 자기 색깔을 어느새 찾았네요. B는 더 이상 낯선 말을 함부로 하지 못합니다. B도 주변의 친구들도, 그저 방관하기만 했던 친구들도 이젠 하얀색이 아닌 원래의 색으로 보입니다. 이제 주인공은 다시는 타인을 이름 모를 덩어리로 보지 않을 겁니다. 눈을 똑바로 마주 바라보고, 세상이 얼마나 아름다움으로 가득 차 있는지 말할 겁니다. 우주는 얼마나 광활한지, 강은 얼마나 깊은지, 하늘은 얼마나 높은지에 대해서요. 그러는 사이에 자신이 얼마나 단단해졌는지도 혹시 알았을까요?

책을 향한
달콤한 고백

『내가 책이라면』과 읽는다는 일

저는 〈생활의 달인〉이라는 프로그램을 즐겨 봅니다. 눈 감고 골프공을 종류별로 분류하는 달인, 다림질의 달인, 박스를 빨리 여는 달인 등등 기가 막힌 달인들이 넘쳐나죠. 처음엔 그저 놀랍다가 나중엔 경이로움을 넘어 존경스럽다는 맘까지 들곤 합니다. 어떤 직업의 길로 평생 몸담게 된 사람들에게는 각자의 매혹적인 사연이 있습니다. 책으로 독특한 아르바이트를 하다가 그 길로 그게 직업이 된 사람 이야기, 들어 보실래요?

아르헨티나의 한 서점에 노인이 찾아옵니다. 책을 무척 좋아하는

『**내가 책이라면**』 쥬제 죠르즈 레트리아 글, 안드레 레트리아 그림, 임은숙 옮김, 국민서관

사람이었으나 서서히 시력을 잃어 가는 중이었지요. 서점에서 일하는 16세의 알바생에게 이렇게 물었죠. "자네, 시간이 되면 저녁마다 집에 와서 책을 좀 읽어 줄 수 있겠나?" 어린 자녀나 학생에게 책을 읽어 주는 일이 아닌, 노인의 집에 가서 책을 읽어 주는 일이었습니다. 그 아르바이트는 4년이나 지속되었죠. 내가 식당을 하는 사람이면 음식을 정성스럽게 만들어 손님에게 대접합니다. 내가 미용사라면 손님의 머리를 온 힘을 다해 아름답게 만들어 드리겠지요. 그러나 책이라는 것, 참 묘한 물건입니다. 책을 상대에게 읽어 주고 있는데, 어느새 자신도 같이 읽게 되는 일이란 말입니다. 돈을 벌기 위해 열심히 읽어 주었을 뿐인데, 자꾸 내 마음속에도 뭐가 남는 일, 아주 기가 막힌 일이죠.

들을 때마다 가슴이 뛰는 이 이야기의 주인공들은 누구일까요? 글을 읽어 달라고 서점을 찾아온 노인은 『픽션들』을 비롯한 여러 위대한 문학으로 유명한 아르헨티나의 소설가 호르헤 루이스 보르헤스입니다. 책 읽어 주는 묘한 아르바이트를 4년간 한 아르바이트생은 그 후 어떻게 되었냐고요? 예상했던 대로요. 그 또한 훌륭한 작가가 되었지요. 그의 이름은 바로 알베르토 망구엘입니다. 알베르토 망구엘은 『독서의 역사』에서 보르헤스에게 깊은 감사를 표했고, 『밤의 도서관』이라는 책도 많은 독자들에게 널리 사랑받고 있습니다. 그의 책 사랑은 정말이지 10대 중반에 시작했던 책읽기 아르바이트에서 시작되었습니다.

알베르토 망구엘 같은, 아니 책이 좋아서 어쩔 줄 몰라 하는 당신에게 선물하고 싶은 그림책을 만났습니다.『내가 책이라면』은 책에 대한 애정으로만 가득 채워진 책입니다. 표지엔 텅 빈 벤치 위 도톰한 책 한 권. 페이지를 살며시 넘겨 봅니다. 우리는 어느새 책이 되어 있습니다.

내가 책이라면,
날 좀 집으로 데려가 달라고 부탁하고 싶어요.

차도 없고, 운전면허증도 없는 저는 대중교통을 늘 이용합니다. 이어폰도 끼지 않고 동영상도 보지 않지요. 대신 가방에서 책을 꺼내 그 고요하고 납작한 종이 속으로 코를 박습니다. 책에 풍덩 빠져들었다가 다시 정신을 차려 주변을 두리번두리번 살핍니다. 나 말고 또 종이책을 읽는 사람이 있나 싶어서요. 네, 많지 않습니다. 그래도 간혹 있습니다. 주변의 시선을 전혀 신경 쓰지 않고 유유히 책장을 넘기는 모습, 그 모습이 참 아름다워서 한참을 넋을 읽고 보지요. 가끔은 고개를 이상하게 돌려 가며 그 사람이 읽는 책 표지라도 훔쳐보려고 애쓰기도 합니다. 간혹 내가 읽었던 책이나 소장하고 있는 책을 읽는 사람을 만나면 반가워서 인사라도 크게 건네고 싶은 심정이 되지만 꾹 참습니다. 그 사람의 납작하고 고요한 시간을 방해해서는 안 되니까요.

책을 물리적으로 만나는 일은 참 특별합니다. 처음 전자책이 등장할 때, 저는 종이책은 몇 년 안에 사라지겠구나 생각했습니다. 음원 사이트 앞에서 음반 시장이 거의 사멸하였듯이, 종이책 시장도 마찬가지라고 생각해 왔지요. 하지만 전자책은 종이책의 자리를 완전히 차지하지 못했습니다. 형태가 바뀌었을지언정 사람들은 여전히 열렬히 무엇인가를 읽습니다. 오히려 디지털 읽기의 양까지 합치면 예전보다 훨씬 많이 읽는 셈이라고요. 하물며 웹툰 한 편을 읽어도 1,300자는 거뜬하다고 하는군요. 사람들은 읽는 존재니까요. 뭐라도 읽고 싶어 하니까요.

그림책의 작가는 책의 속마음을 빠짐없이 털어놓고 있습니다. 누구라도 날 좀 읽어 줬으면 하는 마음, 자신을 만난 독자가 좀 더 행복해지기를 원하는 마음, 잊히고 싶지 않는 마음까지요. 이쯤 되면 작가가 전생에 책이었다가 사람으로 환생한 게 아닐까 싶기도 한데요. 책의 마음이 못내 애틋합니다.

내가 책이라면,
오랫동안 꼭꼭 숨겨 놓은 비밀들을
사람들과 함께 나누고 싶어요.

'내가 책이라면'으로 시작하는 마음을 건드리는 문장들은 무엇 한 줄 빼놓을 것 없이 아름답습니다. 그 텍스트가 그림으로 나타난 자태는 더욱 우리의 책 사랑, 아니 책 중독을 깊어지게 만듭니다. 이름을 알 수 없는 남자는 책 속 계단으로 걸어 들어가기도 하고, 책에 끈을 달아 강아지처럼 끌고 가기도 합니다. 항상 책이 곁에 있는 건

변함이 없군요.

　이탈리아의 저명한 철학자이자, 언어학자였던 움베르토 에코는 5만여 권의 책을 소장한 장서가이기도 했다고 하는데, 장서를 보러 온 사람들의 질문이 끊이질 않았다는군요. "이 많은 책을 다 읽으신 건가요?"가 가장 흔한 질문이었는데 움베르토 에코는 의외의 대답을 했다고 해요. "안 읽은 책들이 수만 권입니다. 제게 가장 매력적인 책들은 바로 안 읽은 책들이죠." 안 긁은 복권이 최고의 복권이라는 우스갯소리를 가끔 하죠? 안 읽은 책이 최고의 책일 수도 있겠습니다. 우리에겐 미지의 세계니까요.

　내가 책이라면,
　날 선택한 사람이 자유롭고
　길들여지지 않는 사람이 되도록 하고 싶어요.

　최근에 완전 새로운 형태의 독서 모임이 생겼다는 소식을 들었습니다. 독서 모임인데, 돈을 내고 가입해야 할 뿐만 아니라 독후감을 쓰지 않으면 그날 모임에 참가하지도 못하는 규칙이 있다고요. 의아했습니다. '왜 돈을 내 가면서 기를 쓰고 책을 읽으려고 하지?' 책을 읽는 사람에 대한 알 수 없는 경외감, 분명히 있습니다. 책을 읽는 행위는 다른 모든 행위와 차별되는 어떤 지점이 있어요. 무엇 때문일까요?『다시, 책으로』에서는 소멸해 가는 아날로그 책 읽기 방식과 그 위험에 대해 지적합니다.

아리스토텔레스는 좋은 사회에는 세 가지 삶이 있다고 썼지요. 하나는 지식과 생산의 삶, 다른 하나는 그리스인 특유의 이해 속에서 나오는 즐기는 삶, 마지막은 관조의 삶입니다. 지금 우리의 문화에서는 세 번째 삶인 관조의 삶이 매일 위협받고 있지요.

읽기의 절대적인 양이 줄어든 것이 아닙니다. 오히려 읽기의 양 자체는 예전과 비교할 수 없이 압도적으로 증가했지요. 다만 그게 아날로그에서 디지털 리딩으로 옮겨 갔을 뿐입니다. 그리고 읽는 물리적 매체의 변화는 읽기의 질적 변화도 가져오고요. 열렬하게 종이책을 읽는 사람은 북극에 남아 있는 빙하만큼이나 급격하게 줄어들고 있습니다. 그 안타까운 마음을 담은 그림책이 바로 『내가 책이라면』이 아닐까요?

책의 진짜 몸뚱이가 없으면 나오지 못했을 이 그림책, 아직도 더듬더듬 손을 뻗어 가방 속에서 책을 꺼내 오래된 종이 냄새를 맡는 당신과 같이 읽고 싶습니다. 우리는 어쩌면, 최고의 사치를 누릴 수 있는 마지막 세대일지도 모릅니다.

내가 책이라면,
나를 그저 책장을 꾸미는 장식으로만
두지 말라고 부탁하고 싶어요.

여기 아닌 어디라도,
탁 트인 곳으로

『울타리 너머』와 자유

영화 〈쇼생크 탈출〉을 얼마 전에 다시 봤습니다. 인간의 놀라운 능력은 자기가 처한 상황이 아니어도 어떻게든 공통점을 찾아 감정이입을 한다는 점입니다. 재소자에게 가혹하게 대하기로 악명 높은 쇼생크 감옥. 아내를 죽였다는 억울한 누명을 쓰고 종신형을 받은 앤디 듀프레인(팀 로빈스 분)과 감옥에서 그의 절친이 된 레드(모건 프리먼 분)가 이 영화의 주인공입니다. 어떤 사람은 우스갯소리로 이렇게 말하기도 했습니다. "영화 제목 자체가 스포일러 아닙니까?" 굳이 말하자면 맞는 말입니다. 그러나, 누군가가 감옥을 탈출했다는 것이 크

『**울타리 너머**』 마리아 굴레메토바 글·그림, 이순영 옮김, 북극곰

게 중요할까 싶습니다. 어떤 철학과 어떤 과정으로 감옥을 나가게 됐느냐가 중요하죠. 이 영화는 '자유'에 대한 인간의 열망을 다양한 방식으로 보여 줍니다.

재소자들의 건강 상태 유지를 위해 하루에 한 번, 운동 및 산책 시간이 제공됩니다. 물론, 교도관의 감시 아래서죠. 앤디와 레드는 운동장 벤치에 걸터앉아 대화를 나눕니다. 레드는 교도소를 둘러싸고 있는 까마득히 높은 담장을 보며 이렇게 말하죠.

"I'm telling you, these walls are funny."
들어 봐. 이 벽들 참 묘하다고.

레드는 말을 계속 이어 갑니다.

"First you hate them. Then you get used to them. Enough time passes, it gets so you depend on them."
처음엔 저 벽들이 소스라치게 싫지. 근데 점점 익숙해져. 시간이 흐르면 네가 그 벽에 의존하게 되지.

앤디와 레드를 비롯한 다른 재소자들도 언젠간 이 감옥 밖으로 걸어 나갈 수 있을 거란 꿈을 꾸지만 꿈은 점점 희미해져만 갑니다. 그러던 어느 날, 교도소에서 절대 일어날 수 없는 특별한 사건이 일어납니다. 폭동이 일어나거나, 싸움이 벌어졌냐고요? 아뇨, 모두를 꼼짝 못하게 한 그것은 바로 음악이었습니다. 앤디가 마음대로 방송실 문을 걸어 잠그고, 교도소 전체에 울려 퍼지도록 음악을 틀었습니다. 모차르트의 〈피가로의 결혼〉 중에서 '저녁바람이 부드럽게'가 울려 퍼지자 다들, 모든 걸 멈추고 하늘을 바라봅니다. 그런 뜻밖의 순간은 따뜻한 방이나 풍족한 음식 때문이 아니었습니다. 압도적으로 아름다운 오페라 가수의 목소리, 찌를 듯이 높은 교도소의 담벼락과 하늘을 자유롭게 넘나드는 그 음악이라는 것. 그 순간 재소자들은 무엇을 보았을까요. 마음대로 음악을 튼 대가로 앤디는 빛도 들어오지 않는 캄캄한 독방에 2주간 갇힙니다. 혹독한 처벌을 받고도 앤디는 전혀 개의치 않지요. 자유를 맛본 자의 여유죠.

자유를 막는 방해물인 담벼락과 겹치는 울타리의 이미지가 등장하는 그림책이 여기 있습니다. 바로,『울타리 너머』(마리아 굴레메토바 글·그림, 북극곰)입니다. 표지를 살펴볼까요? 자그마한 뒷모습이 하나 보입니다. 살구색 뒤통수와 귀, 아마도 돼지 같군요. 이 친구는 얼굴은 독자들에게 보여 주지 않은 채, 멀리 드넓은 풀밭을 바라봅니다. 숲을 채운 나무 덤불 사이로 멀리 무엇을 보고 있을까요? 초록빛이 도는 표지가 마음을 편하게도 하지만, 돼지의 뒷모습이 많은 것을 말하고 있는 듯도 합니다.『뒷모습』은 뒷모습만 찍어 모아 둔 사진집입니다. 얼굴이 없으나 많은 말을 하고 있는 등, 그리고 등. 프랑스의 위대한 작가 미셸 투르니에는 사진집에서 이렇게 말합니다.

사람은 자신의 얼굴로 표정을 짓고 손짓을 하고 몸짓과 발걸음으

로 자신을 표현한다. 모든 것이 다 정면에 나타나 있다. 그렇다면 그 이면은? 뒤쪽은? 등 뒤는? 등은 거짓말을 할 줄 모른다.

품고 있는 말이 많아 보이는 뒷모습을 가진 주인공 이야기를 한 번 따라가 볼까요? 돼지 소소는 남자아이 안다와 함께 살고 있습니다. 둘이 살기엔 너무 크지 않나 싶을 정도로 거대한 저택에요. 안다는 모든 걸 손바닥 꿰듯 알았지요. 소소에게 뭘 입히면 좋을지 뭘 하고 놀지도 모두 안다가 결정했으니까요. 그런 비슷한 날들이었습니다. 어느 날, 우연히 돼지 소소가 밖으로 나가 사촌인 멧돼지 산들이를 만나기 전까지는 말입니다.

"만나서 반가워. 그런데 그게 뭐니?"
"아, 이거? 이건 옷이야."
"숲에서 달릴 때 불편하지 않니?"
"아니. 난 달리지 않거든."

멧돼지 산들이는 소소에게 옷이 불편하지 않냐고 물었지만, 소소는 그게 불편한 줄도 모르고 살았습니다. 좀처럼 밖에 나오지도 않았고, 뛸 일은 더군다나 없었거든요. 하지만, 그때부터 소소의 마음속 작은 꿈틀거림이 생겼습니다. 소소는 예전과 뭔가 달라져 버렸습니다. 자꾸만 창밖을 내다보는 습관이 생겼거든요. 어쩐지 고급스런 찻주전자와 액자, 가구들이 있는 방이 오늘따라 유난히 칙칙해 보이는 것은 왜일까요? 소소의 저 뒷모습! 언제나 뒷모습이 문제라니까요. 나이 드신 부모님의 굽은 등, 돌아서는 연인의 등, 뒷모습만 보면 우리는 한 번 더 눈길을 보내고 맙니다. 눈, 코, 그리고 입과 표정이 보이지 않아도 우리는 '온몸으로 말한다.'는 말이 뭔지 이제는 소소 덕분에 압니다. 좀 더 주목할 점은 돼지 소소의 표정입니다. 작은 점 같기만 한 눈 때문인지, 좀처럼 소소의 얼굴엔 어떠한 감정도 드러나지 않습니다. 차라리 짜증이라거나, 슬픔, 화를 표현하면 덜 안타까울 텐데요. 자유가 없는 존재에겐 자기표현 또한 사치일 뿐입니다.

작가 마리아 굴레메토바는 이 작품의 모티브를 언니에게 얻었다고 합니다. 지금은 둘도 없는 친구지만, 어린 시절 그녀 때문에 힘들기도 했다는군요. 언니가 늘 자신의 의견대로 여동생이 움직여 주기를 원하고, 비판도 서슴지 않았기 때문에 무력함을 느껴 왔다고 인터뷰에서 솔직한 마음을 밝혔습니다. 따스하게 포장된 추억이 아니어도 좋은 작품의 모티브가 될 수 있다는 건 우리들에겐 좋은 소식 아닐까요?

이 작품의 제목을 다시 한번 살펴볼까요.『울타리 너머』였잖아요? 그런데 주인공인 돼지 소소를 가두고 있는 돼지우리나 외양간, 좁은 울타리 같은 건 보이지 않습니다. 좁은 우리는커녕 집은 무척이나 넓은 저택인걸요. 소소는 어쩌면 스스로 갇혀 있는 걸까요? 다시 표지로 돌아가 보니 이제야 보이는군요. 표지에 얇고 긴 띠 모양의 울타리가 있었던 겁니다. 안다와 소소와 함께 사는 저택은 아주 넓은 울타리로 둘러싸여 있습니다. '저게 무슨 울타리야?' 할 정도로요.

소소는 이제 더이상 안다와 함께 보내는 시간이 그다지 내키지 않습니다. 안다가 하자고 하는 놀이, 안다만 일방적으로 늘어놓는 이야기들, 안다가 입혀 준 광대 복장, 거추장스럽습니다. 소소는 그 옷을 계속 입고 있었을까요? 급하게 안다를 남겨 두고 어디로 달려가는 걸까요? 저기 멀리, 울타리가 보입니다. 울타리 밖으로 거침없이 나아간 소소는 결코 돌아오지 않을 겁니다. 간혹 추위에 떨거나 맹수에게 쫓기더라도 차라리 그편을 택하겠지요. 후회하지 않을 겁니다. 그럴 거였으면 물끄러미 창밖을 바라보는 뒷모습도 없었을 겁니다. 『리스본행 야간열차』의 작가 페터 비에리는 본인의 저서 『자기결정』에서 스스로 결정하는 삶의 중요성을 강조합니다. 소소가 아는 그 울타리 속의 세상이 자기 세상의 전부라고 굳게 믿고 살아가던 그 프레임을 깨기까지 아주 오랜 시간이 걸린 것이죠.

확실하다고 믿어 오던 것들에 대해 긍정과 부정의 증거를 찾아가는 동안 나는 그 확신들이 변화할 수 있는 내적 과정의 문을 열게 됩니다.

아이들과 '자신만의 울타리'를 표현해 보았습니다. 색색의 뽕뽕이를 주고, 자신의 상황을 울타리로 만들어 보라고 했지요. 단순한 준비물 만으로도 다양한 울타리 표현이 가능하더군요. 함께 보실까요?

"꼭 정리정돈을 해야, 새로운 시작을 할 수 있는 저.
그 울타리에서 제발 벗어나고 싶어요."

"크리에이터를 하고 싶은데, 구독자 수가 너무 적어요.
그 숫자에 자꾸 집착하게 돼요."

"지금 상황에서 벗어나려면 가끔 마음의 상처를 입기도 하잖아요.
그걸 나타내고 싶었어요. 뽕뽕이가 터져 있어요."

"저 검은 뽕뽕이가 저예요.
학원을 빠짐없이 잘 가는지 울타리에 갇혀 감시받는 느낌이에요."

"아무도 저를 막지 않는데, 제가 용기가 없어요.
울타리가 뻥뻥 뚫려 있는데도 못 나가는 뽕뽕이와 저는 닮았어요."

〈쇼생크 탈출〉의 앤디와 레드는 녹록치 않은 교도소 생활에서 철학적인 대화들을 오래도록 나눕니다. 그 대화들은 제 가슴속에 보석처럼 박혀 있습니다. 밖으로 나가고 싶다는 갈망 하나로 둘은 단단하게 결속된 셈이죠. 레드는 마침내 지옥 같던 쇼생크 감옥을 탈출한 앤디를 그리워하며, 하지만 스스로에게 재차 다짐하듯, 이런 말을 남깁니다.

"I have to remind myself that some birds aren't meant to be caged. their feathers are just too bright."
새장에 갇혀 살 수 없는 새들이 있다는 걸 안다. 그러기엔 깃털이 너무 눈부시니까 말이다.

아무리 가둬 놓아도 가둬지지 않는 존재가 있습니다. 어쩌면 끊임없이 나를 가두는 모든 것에서 탈출하는 게 삶 자체인지도 모르겠습니다.

먼발치,
타인의 아픔

『전쟁』의 참혹함

알란 쿠르디. 여러분은 이 이름을 기억하시나요? 생각날 듯 말 듯 가물가물하다고요. 저는 뚜렷하게 기억하고 있습니다. 그때 뜨끈한 육개장을 먹고 있었거든요. 식당 안 TV에 나오는 참혹한 사진에 가슴이 턱 하고 막혀 숟가락을 놓았습니다. 그러고는 식사를 마저 끝내지 못했었습니다. 3살짜리 알란 쿠르디는 아빠, 엄마, 그리고 5살짜리 형과 함께 소형 보트를 타고 전쟁으로 완전히 파괴된 고향 시리아를 떠나 그리스를 향하는 길이었죠. 그리스로 향하는 2대의 소형보트는 모두 전복되었습니다. 그 과정에서 3살의 쿠르디와 쿠르디의 형 5살 갈

『**전쟁**』 조제 조르즈 레트리아 글, 안드레 레트리아 그림, 엄혜숙 옮김, 그림책공작소

립, 그들의 어머니인 리한 씨가 모두 바다에서 사망했습니다.

우리의 일상은 얼마나 부서지기 쉬운가요. 더 나아가 우리의 삶이란 얼마나 망가지기 쉬운가요. 어린아이는 부모님이나 선생님에게 꾸지람만 들어도 세상이 무너지는 듯한 표정을 짓습니다. 새끼손톱에 멍만 들어도 그날 하루가 힘이 듭니다. 원래 시리아는 무척이나 아름다웠던 나라라고 하지요. 여행자들도 즐겨 찾던 곳이었구요. 이제 우리는 '시리아'라는 낱말을 떠올리기만 해도 부서진 건물, 회색 먼지를 뒤집어쓴 어린아이들을 떠올립니다. 전쟁은 그곳에 사는 사람들만 파괴하지 않습니다. 전쟁을 지켜보는 모두의 마음을 파괴합니다.

3살 쿠르디가 세상을 떠난 지 만 4년이 지났을 즈음, 묵직한 그림책 한 권을 만났습니다. 바로 『전쟁』입니다. 무거운 마음으로 표지를 들여다봅니다. 어두운 황토색 바탕에 검은색 절벽, 그 위에 강철 투구를 쓴 사람이 하나 서 있습니다. 낮은 채도의 색상은 이미 어두운 전개를 암시합니다. 저도 모르게 숨을 훅, 들이쉬고 한 장 더 책장을 넘겨 봅니다. 모든 그림책을 만날 때마다 내용도 궁금하지만, 면지의 연출을 기대하는 마음도 숨길 수 없거든요. 그림책으로 이야기를 시작하기 직전인 면지에서도 작가들은 넌지시 많은 걸 표현하고 싶어 하니까요. 『전쟁』의 면지는 온통 무채색입니다. 아주 짙은 진회색에 긴 다리를 가진 거미 같은 형태가 스물스물 기어 나옵니다. 우리한테 확 달려들 것만 같아 움찔하게 될 정도로요. 심호흡을 하고 한 장을 더 넘겨 봅니다. 아무 텍스트도 없이 시작하는 첫 장면, 사람 한 명 없습니다. 검은 나무들이 가득한 숲 사이를 길쭉하고 구불구불한

굵은 선들이 가로질러 갑니다. 뱀일까요? 글쎄요, 뱀이라고 하기엔 놀랍도록 긴데요. 그렇다고 눈이 있는 것 같지도 않고요. 우리의 느낌이 맞다면, 저게 바로 전쟁이란 녀석의 수많은 얼굴들 중 하나일지도 모르겠습니다. 이 그림책은 무채색 위주의 단순한 색 사용만으로도 뛰어난 연출을 하고 있습니다. 어떤 부분인지 자세히 살펴볼까요? 아무런 텍스트 없이 다섯 장면이나 지나서야 비로소 첫 문장이 등장합니다.

전쟁은 빠르게 퍼지는 질병처럼 일상을 갈기갈기 찢어 버린다.

이 첫 문장을 쓰기까지 작가는 어떤 고민을 했던 것일까요? 저는 작가의 연출에 늘 매료됩니다. 검은 나무가 가득한 숲을 하늘 위에서 드론으로 찍은 듯한 시선에서 조금 더 가까이 다가가 줌인해 봅니다. 나무 한 그루에 올라가 있던 새 한 마리가 보이는군요. 한 장 더 넘겨 보자, 그 정체 모를 구불구불한 선들은 새의 부리에 가득 모여 있습니다. '이게 도대체 뭐야?' 하는 순간, 다음 장에서 새가 멀리 휙, 날아갑니다. 새가 갖고 있는 여러 겹의 이미지를 떠올리게 됩니다. 우리나라에서 까치는 기쁜 소식을 물어다 주는 새로 사랑받고, 비둘기는 평화의 상징이라고 하지요. 알프레드 히치콕의 영화〈새〉에서 이유 없이 달려드는 새들은 공포의 상징이기도 했습니다. 『전쟁』에서 새의 이미지는 초반부터 잠재적 두려움을 상징합니다. 어디로 날아갈지, 언제 다시 돌아올지 아무도 알 수 없으니까요.

전쟁은 듣지 않고, 보지 않고, 느끼지 않는다.

한 장 더 넘기자, 왠지 모르게 두려움을 주던 새가 사라졌습니다. 어디로 갔나 싶더니 이내 다시 등장합니다. 이번에는 몸이 보이진 않아요. 하지만 거대한 그림자로 등장해 검은 숲을 뒤덮습니다. 이젠 나무들이 더 작게 보입니다. 우리는 어디로도 피할 수 없습니다. 전쟁의 그림자는 전쟁의 현장에서 아주 멀리 떨어진 모두를 불행하게 합니다. 지구 반대편에서 공습으로 희생된 사람들의 소식은 순간 우리들의 웃음을 앗아 갑니다. 그곳이 아무리 참혹한 현장이어도 이곳에서 아무것도 할 수 없는 무력함은 우리를 주저앉게 합니다. 대체 우리는 뭘 할 수 있을까요? 고작 SNS에서 그 소식을 공유하는 정도지요. 이 그림책이 더 우리를 절망케 하는 건 익명성 때문입니다. 그림책이니까 주인공 정도는 있어야 하지 않냐고요? 네, 누군가 등장하긴 합니다. 강철 투구에 검은 제복을 입은 어떤 남자가요. 목까지 올라오는 단추를 모조리 채우고, 늘 장갑에 투구를 쓰고 있어서 얼굴은커녕 살갗도 한 번 볼 수 없습니다. 장군인지 사령관인지 알 수 없는 이 남자는 전쟁과 꼭 닮았습니다. 전쟁은 표정 없는 뒷모습을 가졌습니다. 뒤돌아보지 않고 달려 나가며, 결코 후회하지 않으니까요.

이 이름 모를 제복 입은 남자를 비추다 과감하게 군화를 클로즈업하기도 합니다. 대담한 연출만큼이나 문장도 강렬합니다.

전쟁은 슬프게 하고, 짓밟고, 침묵하게 한다.

말없이 책장을 넘기는 우리 얼굴에도 표정이 사라져 갑니다. 말을 할 수도 없습니다. 전쟁은 이토록 힘이 셉니다.『전쟁』이 표현하는 강력함은 복제된 이미지에서도 볼 수 있습니다. 셀 수 없이 많은 공장들, 불태워지기 직전인 산처럼 쌓인 책들, 하늘을 뒤덮은 전투기와, 점처럼 가득한 새카만 폭탄들. 색도 없이 똑같이 복제된 이미지들은 우리를 압도합니다. 비처럼 떨어지는 폭탄들을 의도적으로 연출한 작가는 그 다음 장에서 우리를 한 번 더 무력감에 빠지게 합니다. 폭탄이 가득한 하늘 구름 아래로 내려다보이는 점 같은 집들이 눈에 들어옵니다. 그 다음 장면은 더 이상 상상하고 싶지 않아집니다.

이 작품을 함께 읽으며 아이들과 저는 함께 숙연해졌습니다. 처음, 전쟁이라는 글자를 모두 가리고 그림책을 읽어 주고, "빈칸 안에 들어갈 두 글자는 무엇일까요?"라는 질문을 던졌습니다. 압도적으로 많았던 것은 물론 '전쟁'이었지만 그 외에도 다양한 낱말들이 쏟아져 나왔습니다.

우리는 한 걸음 더 나아가 "전쟁"보다 더 힘이 센 단어를 찾아보기로 했습니다. 그 단어들은 우리들의 무거워진 마음을 조금은 위로해 주었습니다.

마음
비록 한 사람이 열면 아무것도 아닐 수 있지만
다른 사람들도 마음을 열면 전쟁을 안 할 수 있다.

사람

사람이 마음을 단합하면 전쟁이 일어나지 않고

사람을 도우며 살면 행복하기 때문이다.

협동

전쟁은 싸우면서 해결하려고 하지만

협동은 서로 도우면서 해결한다.

『전쟁』의 묵직한 그림을 그린 안드레 레트리아는 무려 3년이란 긴 세월 동안 작업을 하였다고 합니다. 3년 내내 마치 전쟁을 치른 듯 가슴이 무거웠다고 해요. 작업을 하는 모습을 동영상으로 살펴보았습니다. 종이를 축축하게 미리 적셔 두고 검은색 물감으로 물의 양을 조절하여 그리는 수채화였습니다. 디지털 드로잉이 점점 영역을 넓혀 가는 요즈음, 이런 작업은 얼마나 귀한가요. 붓질 하나에 온전히 그의 마음을 담지 않았을까요. 또한, 탁월한 문장을 우리에게 선사하는 작가 조제 조르주 레트리아는 독특한 이력을 가졌습니다. 시인이며 극작가일 뿐만 아니라 오래도록 저널리스트로 활동했습니다. 작가는 앞으로도 눈물이 뿌려진 세상 모든 것에 멈추지 않고 발걸음을 내딛을 겁니다. 운이 좋다면 우리는 또 다른 작품으로 그 발걸음을 목격할 수 있을 거고요. 같이 자박자박 걷게 될지도 모릅니다.

당장 전쟁을 그만두는 게 경제적으로도 이득임을 알고도, 사람들은 쉽사리 그만두지 못합니다. 종국엔 무엇을 위해서 전쟁을 하고 있는지도 희미해지는 순간이 옵니다. 2019 유엔 아동보고서에 따르면 2000년에 비해 5세 이하 유아 사망률은 49% 떨어졌고, 유아 노동 또한 40% 감소, 만성적 영양실조와 위험은 33% 줄고, 아동 조혼은 25% 감소했습니다. 그러나 전쟁 지역에서 살고 있거나 난민이 되는 어린이의 수는 80%나 늘어났지요. 전쟁은 여전히 과거가 아니라 지독하게도 현재 진행형입니다. 그런 현실 앞에서 전쟁의 참상을 고발하는 그림책을 읽는 일이 무슨 소용인가 생각하면 잠시 머리가 아득해지기도 하지만 앞으로도 아랑곳하지 않고 계속 함께 읽어 나갔으면 좋겠습니다.

로만 폴란스키 감독의 영화 〈피아니스트〉의 한 장면을 나누며 글을 마무리하고 싶습니다. 나치를 피해 폐허가 된 도시 속에서 몸을 숨기고 버텨 내던 유태인 피아니스트 스필만을 떠올립니다. 한 독일 장교가 몰래 숨어 있던 스필만을 발견하고 총을 겨누자, 극도의 긴장감이 둘을 감싸지요. 독일 장교는 스필만이 피아니스트임을 알게 되고, 쓰러져 가는 방에 있던 피아노로 아무 곡이나 연주해 보라고 요구합니다. 어차피 죽음이 코앞에 들이닥쳤다고 느낀 스필만은 목숨을 거는 심정으로 쇼팽의 곡을 연주합니다. 장교는 총을 내려놓고, 의자에 털썩 앉아 쇼팽을 끝까지 듣습니다. 그 순간 그 음악은 단순히 한 곡의 피아노 곡 이상이었겠지요. 그의 도움으로 스필만은 어렵게 풀려나 88세의 나이까지 피아니스트로 살아가지만, 정작 독일 장교는 후에 전쟁 포로로 잡혀 그곳에서 생을 마감합니다. 전쟁, 승자는 없고, 패배만이 존재하는 곳.

쇼팽 발라드 1번 op.23을 들으며, 스러져 간 영혼들을 기리는 밤입니다.

소멸하는 감정,
남아 있는 감정

『When Sadness comes to call』과 포옹

　만화가 강풀의 웹툰 〈당신을 사랑합니다〉는 여러 가지 사랑의 풍경을 다룬 수작이었습니다. 기억에 남는 장면은 수없이 많지만, 특히 제게 뼈아프게 남아 있는 장면은 따로 있습니다. 두 개의 영정이 놓인 장례식장, 치매 걸린 아내와 군봉의 죽음을 기리기 위해 다른 노인들이 삼삼오오 모여들었죠. 치매 걸려 고생만 잔뜩 할 판이었는데 편하게 갔으니 호상이라고 입 모으는 사람들에게 만석 노인은 더 이상 참을 수가 없어 크게 화를 내고 맙니다.

『When sadness comes to call』 Eva Eland, Anderson Press Ltd

"하지 말란 말야!!!

사람이 죽었는데!!!

그게 어떻게 잘 죽은 거란 말이냐!!!

세상에 잘 죽은 게 어딨냐 말야!!!"

참 가슴 아프면서도 속이 시원해지는 장면이었지요. '호상'이라는 낱말. 이해는 되지만 참 쉽게 동의할 수 없었거든요. 한 사람의 부재가 쉽게 잊혀지는 것 때문이기도 했고, 충분히 슬퍼하고 아파해야 할 남은 자들의 감정도 존중받을 권리가 있는 거잖아요. 죽음보다도, 쉽게 소멸되지 않고 잔여하는 감정에 대해 여운이 남는 장면이었습니다.

감정은 꽤 까다로운 친구인 것 같습니다. '감정'이라는 짧은 단어에 따라붙는 또 다른 낱말들이 무엇이 있는지 한 번 살펴봤습니다. 감정(이, 을) '격해지다.' '상하다.' '깊어지다.' '폭발하다.' '키우다.' '숨기다.' '억제하다.' '누르다.' '가라앉히다.' '표현하다.' 사전을 뒤적일수록 감정과 단짝이 되어 돌아다니는 단어들을 더 많이 발견할 수 있었습니다. 보면 볼수록 감정이 손에 잡히는 어떤 존재같이 느껴지는데요?

저 낱말들, 특히 동사들을 좀 더 자세히 분석해 보니, 이런 특징이 있습니다. 감정(이, 을) 숨기다, 누르다, 상하다, 격해지다, 폭발하다, 가라앉히다 등은 모두 부정적인 감정에 주로 사용하지요. 기쁨이나 즐거움을 굳이 숨기거나, 누르거나, 가라앉힐 이유는 없을 테니까요. 부정적이고 해소되지 않는 감정을 억누르고, 숨기고, 애써 외면하는 과정에서 감정의 주인인 우리에게 남는 생채기 또한 무시하지 못할 것 같군요. 그래서 사람들이 '감정 알아차리기', '감정 코칭' 등에 열광하고 지대한 관심을 가지는지도 모르겠습니다.

제멋대로 발생한 감정이 불청객처럼 찾아와 얼결에 같이 시간을 보내게 된 친구가 있습니다. 『When Sadness comes to call』의 주인공입니다. 우리나라엔 『슬픔이 찾아와도 괜찮아』(현암주니어)로 번역되어 있는 작품이지요. 떨쳐 버리고 싶은 감정들에 휘둘리던 어떤 날, 집에 오자마자 가방을 던져 버리고 이 책을 펼쳤던 기억이 납니다. 한 낱말씩 또박또박 소리 내어 읽으니 마음이 가라앉는 걸 느꼈거든요. 햇살 받은 조약돌처럼 빛나던 시와도 같은 작가의 영어 문장 그대로 함께 읽고파 이번엔 특별히 원서로 소개하고 싶습니다. 모국어가 아닌 언어로 된 문장을 읽을 땐, 잠시 내 목소리가 타인의 것인냥 새삼 신선하게 다가옵니다. 혼자 낭독을 할 때의 나는 최초로 말하는 자이며, 동시에 최초로 내 목소리를 듣는 자가 됩니다. 집안에서 편안하게 책을 보고 있던 이 조그마한 아이에게 알 수 없는 손님이 초인종을 누르고 들어옵니다. 그 불청객은 바로 민트색에 큰 몸집을 가진 '슬픔이'였습니다. 아무런 말도 없이 불쑥 찾아온 슬픔이. 아이는 슬픔이에게 왜 왔냐거나, 누구냐고도 묻지 않습니다. 슬픔이라는 손님이 찾아오자마자 아이는 그가 누군지 바로 알아차리고 거부감 없이 집 안에 그 손님을 들이지요. 슬픔이는 온몸과 얼굴로 본인의 감정을 가감 없이 드러냅니다. 눈썹은 아래로 쳐졌고, 입은 꾹 다물었습니다. 아무런 말도 하지 않고, 눈을 한 번도 뜨지 않습니다. 아이는, 그저 곁을 내줄 뿐입니다.

Sometimes sadness arrives unexpectedly.
어느 날 갑자기 슬픔이 찾아올 때가 있어.

말하기가 조금은 쑥스러운 일이지만 저는 치열하고 다양한 연애사를 가졌습니다. 여러 사람과 연애를 했다는 건 그만큼 이별도 많았다는 뜻이죠. 이별마다 크고 작은 진통이 있었습니다. 하물며 핸드폰을 개통해도 해지 절차가 있는데요. 사람과 사람이 만났다 헤어지는데도 절차가 필요했습니다. 그 과정은 마치 탈퇴 버튼을 좀처럼 찾을 수 없는 쇼핑몰 홈페이지 같았습니다.

더 이상 서로에게 애틋한 감정이 없음을 확인하고 헤어졌는데도, 저는 거센 감정에 휩싸였습니다. 머리로는 이미 관계가 종료되었음을 아는데도 감정이라는 녀석은 저보다 훨씬 힘이 셉니다. 감정 제어에 능한 저에게도 그것은 아주 도전적인 일이었습니다. 첫사랑과 만나고 헤어진 지 사흘밖에 되지 않던 그날, 저는 직원회의 시간에 큰 소리로 통곡을 하며 울었습니다. 머리로는 '아냐, 이건 아냐. 그만해. 그만하라고!' 외치고 있지만, 슬픔이란 녀석, 얼마나 강력한지요. 보다 못한 동료가 당황스런 미소를 지으며 저를 질질 끌다시피 하며 밖으로 데리고 나갔습니다. 그때 통곡했던 저는 진짜 제가 아닙니다. 제가 소유하지 않은, 저를 잠시 뒤덮은 감정에 휩싸인 저였을 뿐이죠. 그래서 어떡했냐고요? 저는 아무것도 안 했습니다. 그대로 그 슬픔이라는 친구가 떠나가기를 기다릴 수밖에요.

But it feels like you've become sadness yourself.
어느새 슬픔이 너에게 온통 스며든 듯 느낄지 몰라.

이 작품에 글을 쓰고 그림을 그린 에바 엘란트는 네덜란드 출신이며 현재 영국에서 활동하고 있는 작가입니다. 작가는 인간의 다양한 행동과 심리학에 지대한 관심이 있다고 해요. 슬픔, 고독과 같은 무거운 주제에 푹 빠져 있기도 하고요. 놀랍게도 『When Sadness comes to call』은 작가의 데뷔작입니다. 감정을 다룬 책은 무척 많지만, 이 책이 특히 매력적인 까닭이 뭘까 꼼꼼히 뜯어보았습니다. 아이와, 슬픔을 나타낸 표현의 간결성 때문은 아닐까요? 작가는 색을 철저히 배제합니다. 슬픔이는 뚜렷한 윤곽선 없이 연한 민트색의 면으로, 아이는 검정이 아닌 부드러운 갈색 색연필 선으로 그려집니다. 왜 슬픔이를 제외한 다른 모든 배경과 인물의 색 사용을 하지 않았던 것일까요? 독자가 무엇보다도 감정, 즉 슬픔이의 거취에 집중하게 만들기 위해서였을 겁니다. 저는 희미하고 둥그스름한 민트색의 면으로 그려진 슬픔이가 어떤 방식으로 그려졌는지 무척 궁금했습니다. 슬픔이는 물감이나 색연필로 채색된 것이 아니라, 지우개를 깎아 조각을 하고, 민트색 스탬프를 찍어 완성한 것이었더군요. 그 부드러운 질감과 양감은 그렇게 표현되었던 겁니다. 표현의 세계는

짜증이랑 같이 짜증을 푸는 모습

나는 밝은 척, 기쁜 척을 하고 있지만
내 뒤에는 외로움이 늘 따라다니고 있다.

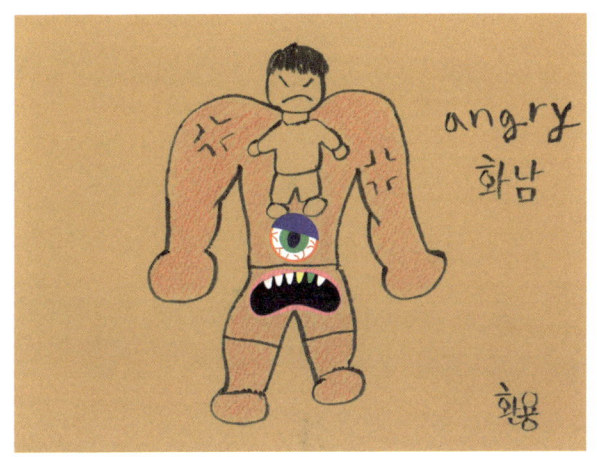

너무 화가 나서 화남이와 겹쳐져서 더욱 거대해졌다.

기쁨이는 트램폴린 같아서
내 마음도 트램폴린처럼 방방 뜬다.

넓고도 끝이 없죠? 그림책을 볼 때 메시지와 텍스트에만 집중해선 안 되는 이유가 바로 이겁니다. 작가는 언젠가는 소멸될 감정의 존재 방식을 채색이 아닌 찍기 방식으로 표현했습니다.

　아이는 참으로 완만한 방식으로 슬픔이를 대합니다. 쫓아내거나 거부하지 않고, 같이 그림을 그리기도 하고, 음악을 듣고 핫초코를 마시기도 하죠. 집에만 있으면 답답하니 산책을 하기도 하고요. 이쯤 되니 슬픔이는 불청객이 아니고 다정한 친구 같기도 합니다. 어느새 잠자리에 들 시간입니다. 품속 인형처럼 작아져 있는 슬픔이, 내일도 아이와 함께 머물까요? 이 그림책의 첫 장에서 제 머릿속을 떠돌았던 단어는 불안, 초조였습니다. 어느 순간 체념이라는 단어가 어울린다 싶더니, 나중엔 포용, 기다림이 떠오르는군요. 감정 또한 고유의 생명이 있는 존재였어요. 제가 그걸 진작에 알았더라면! 직원 회의 시간에 헤어진 연인을 생각하며 오열하는 일은 없었을 텐데요. 뭐, 괜찮습니다. 이제 저의 슬픔이도 옛 친구가 되어 버렸거든요.

　작가는 독자에게 말을 겁니다. 당신만의 '슬픔이'를 그림으로 나타내 보라고. 자신만의 색과 모양으로, 크기와 표정으로요. 슬픔이가 아니어도 좋다고요. 기쁨이나 짜증이어도 괜찮습니다. 교실에서 우리는 감정을 동반자로 표현해 보기로 결심했습니다. 크라프트지, 붓펜은 기본 재료로 제공했고, 다양한 감정을 의인화하여 구체화하는 걸 돕기 위해 눈코입 스티커를 자유롭게 선택할 수 있게 했습니다. 아이들이 감정과 함께 시간을 보내는 모습과 방식은 무척 다양했습니다.

감정은 우리의 친구이지, 우리 자신이 아닙니다. 손을 부지런히 놀리며 감정의 모습을 그리다 보면 어떤 친구인지 서서히 보일 거예요. 너무 걱정하지 않아도 괜찮습니다.

When you wake up,

it might be gone.

Don't worry - Today is a new day.

잠에서 깨어나면

그건 아마 사라졌을 거야.

걱정하지 마.

오늘은 반짝반짝 새로운 날이니까.

낯선 문을
노크할 용기

『발레리나 토끼』와 가능성

영국 탄광촌 마을에 사는 빌리는 11살입니다. 빌리의 아빠를 비롯한 어른들은 거센 파업 중입니다. 마을 분위기는 뒤숭숭하지만 어쩌겠어요? 아이들은 놀아야 하고, 또 배워야 합니다. 빌리도 빠지지 않고 복싱 수업을 갑니다. 여느 때처럼 복싱 수업을 갔던 어느 날, 빌리는 운명적인 장면을 만나고 맙니다. 그 운명적인 게 뭐였냐고요? 그건 바로 발레 교실이었습니다. 빌리(제이미 벨 분)는 창문 밖에서 숨죽여 몰래 발레 수업을 훔쳐봅니다. 하늘하늘한 튀튀 차림의 여자아이들은 발레 선생님의 큰 목소리에 맞춰 동작을 연습하는 데 몰두해

『**발레리나 토끼**』 도요후쿠 마키코 글·그림, 김소연 옮김, 천개의바람

있었습니다. 영화 〈빌리 엘리어트〉는 이렇게 시작했지요.

세상의 모든 근사한 일들은 물끄러미 응시하는 시선에서 시작되는 게 아닐까 하고 꽤 자주 생각합니다. 무언가 욕망하는 것을 보자마자 바로 "좋았어! 시작해 볼까!" 하는 사람도 있겠지만, 대부분은 한참을 망설이게 되지 않나요? 그 과정에서 '나는 왜 저걸 하고 싶을까?' '저들은 나와 무엇이 다를까?' 등의 질문을 스스로 던지게 되고요. 영화 〈빌리 엘리어트〉와 꼭 닮은 그림책을 만났답니다. 바로 『발레리나 토끼』입니다.

어두운 밤, 숲속에서 작은 토끼 한 마리가 노란 불빛이 새어 나오는 곳을 물끄러미 건너다봅니다. 거기서는 늘 아름다운 음악 소리가 흘러 나오거든요. 사람은 호기심 때문에 목숨도 바치는 존재라고 하잖아요? 토끼도요! 아기 토끼는 결국 따스한 불빛이 손짓하는 창가로 가 안을 들여다봅니다. 그 안에 무엇이 보였냐고요? 아름다운 발레 댄서들이었죠.

표지를 한 번 자세히 들여다볼까요? 발레리나 둘 사이에 아기 토끼가 튀튀를 입고 동작을 하고 있네요. 평소 발레를 좋아하는 저는 아기 토끼와 발레리나들이 하는 동작을 바로 알아챌 수 있었습니다. 바로 파세^{Passé} 동작입니다. 토끼가 저런 동작을 할 수 있냐고요? 토끼의 다리는 짧고 굵으니까요. 그치만 그렇기에 토끼의 용기가 더욱 빛나는 거 아닌가요? 토끼가 처음 발레리나들의 모습을 몰래 지켜볼 때의 동작은 아라베스크^{Arabesque} 입니다. 디테일한 발레 동작들을 찾아보는 재미가 쏠쏠하지요?

제대로 그려내기 위해 작가가 얼마나 고심했을지 그 흔적이 보이는 듯합니다. 작가 도요후쿠 마키코는 『여기서 기다릴게』(킨더랜드)라는 다른 작품으로 국내에 알려져 있고, 일본에서는 일러스트 작업과 발레 잡지 기고 등으로 열심히 활동하고 있다고 해요. 궁금증이 도진 저는 작가의 발레 그림을 좀 더 찾아보았습니다. 『발레 캐릭터 사전』이라는 도감에서 이미 발레 동작을 총망라하는 그림을 선보인 적이 있더군요. 역시, 그림책은 그림책 감상 자체로도 즐겁지만 작가를 샅샅이 미행해 볼수록 재미난 법입니다.

다시 그림책으로 돌아가 볼까요? 내가 넘을 수 없는 경계라고 믿는 선을 넘어설 때는 생각보다 여러 가지 것들이 필요합니다. 용기 내어 문을 두드린 아기 토끼를 반기는 건 바로 발레리나들이었습니다. 그녀들은 아기 토끼를 낯설어하지 않고 대뜸 따스한 말을 건넵니다.

"어머나, 뜻밖의 손님이네. 너도 발레를 배우러 왔니?"

디지털 드로잉이 점점 많아지는 요즘, 작가의 은은한 수채화 붓 터치는 마음을 포근하게 감싸 줍니다. 잔뜩 긴장했을 마음을 부드럽게 녹여 주는 발레리나들의 첫마디와 닮아 있다는 생각이 들기도 하지 않나요? 푸른빛이 감도는 형광등이 아닌 노란빛이 도는 조명도 한몫하지요. 정말 들어가고 싶어지잖아요. 발레리나들은 바^{bar}를 잡고 동작을 하지만, 토끼에게는 너무 높기만 합니다. 그런 아기 토끼를 위해서 발레리나들은 도톰한 책 세 권을 마련해 줍니다. 자세히 들여다볼수록 귀여워 껴안아 주고 싶은 그림책입니다. 환영해 주는 것쯤이야 뭐 어려운 일 아니라고요? 하지만 현실은 그렇지 않은 경우가 더 많습니다. 따뜻한 환대는 어쩌면 우주를 활짝 열어젖히는 일일지도 모릅니다.

아차, 〈빌리 엘리어트〉를 까맣게 잊고 있었군요. 발레 수업을 우연히 보게 된 빌리는 그때부터 복싱은 뒤로하고 날마다 발레 수업을 몰래 보러 갑니다. 어느 날 빌리는 더욱 용기를 내어 발레 교실 안으로 들어가기까지 하죠. 서성거리는 빌리를 보고 어떤 여자아이가 이렇게 말하죠. "너도 같이 할래?" Why don't you join in? 걸걸한 목소리에 건장한 체격을 한 윌킨슨 선생님은 발레복을 입고 동작을 하는 여자아이들 사이의 빌리를 힐끗 봅니다. 빌리에게 성큼성큼 걸어왔지만 누구인지, 왜 왔는지 묻지 않습니다. 그저 복싱화를 신은 빌리의 발을 보고 이렇게 물을 뿐이었죠. "사이즈가 뭐냐?" What size are you? 그러고는 너덜너덜한 발레 슈즈 하나를 툭, 던져 줍니다. 너무 무심한 듯 따뜻해서 영화 볼 때마다 홀로 울컥해하는 장면입니다. 이상하죠, 슬프거나 장엄한 장면도 아닌데 번번이 눈물이 난다니까요. 놀랍게도 이 이야기는 영국 왕립발레단의 무용수 필립 모슬리의 이야기를 실화로 한 것이어서 더 큰 감동을 주었던 것입니다.

용기는 전염성이 강합니다. 저는 30여 년을 그림 그리기와 등지고 살아왔습니다. 스스로 '고장난 손'이라고 할 정도로요. 미술 쪽으로는 어린 시절부터 젬병이었고, 대학교 다닐 때도 미술 관련 과목은 학점을 잘 받은 적이 없었습니다. 그림 못 그리는 노릇이 너무 싫어서 3개월간 돈을 주고 드로잉 수업을 들으러 갔던 게 5년 전의 일입니다. 거기 모인 사람들은 모두 그림을 좋아하지 않거나, 두려워하는 사람들이었습니다. 자기소개를 하는데 하나같이 비슷해서 소리 내 웃기까지 했었지요. "저는 그림을 잘 그리지는 못하지만…"

그 다음에 이어진 드로잉 선생님의 자기소개가 절정이었습니다. "저는 그림과는 전혀 관계가 없는 컴퓨터 프로그래머였습니다."가 그분의 첫인사였습니다. 그리고 화면을 수놓는 엉망진창의 그림들. 선생님이 직장에 매일 1시간씩 일찍 출근해서 그리기 시작한 그 매끈하지 않은 그림들이 뭔가 우리들 마음속의 불을 확 지폈습니다. 그림을 못 그리는 우리들은 그날부터 내가 원래 어떻게 그렸는지, 얼마나 못 그리는지를 까맣게 잊은 채, 열심히 손을 놀려 날마다 그리기 시작했습니다. 언제부터 그랬는가 하는 것보다 더 중요한 건, 지금 그리고 있냐는 것이니까요.

아기 토끼가 발레를 배운다는 소식은 금세 숲에 퍼졌습니다. 용기는 용기를 낳고, 또 다른 열정을 불러일으키죠. 발레 교실은 새로운 손님들로 북적였고요. 모르긴 몰라도 새로 가입한 아기 토끼들이 만들어 내는 열기에 발레리나들도 부쩍 자극을 받아서 더 열심히 춤을 연습하지 않았을까요?

아이들에게 질문을 던져 봤습니다. "새로운 일에 도전할 때, 가장 방해가 되는 것은 무엇인가요?"라고요. 비슷한 답변들의 연속일 것이라고 예상했으나, 의외로 다양한 대답이 나왔습니다.

귀찮은 마음입니다. 하고 싶긴 한데, '에이, 그냥 안 하면 편한데 뭐.' 하는 생각이 더 많이 듭니다.

나이입니다. 유기견 보호소 봉사를 하고 싶은데 아직 나이 때문에 할 수 없다고 합니다.

친구들입니다. 내가 새로운 도전을 하면 '니가?'라는 말을 해서 짜증이 나고 자신감이 떨어집니다.

제 자신입니다. 마음속으로 일을 시작했을 때의 장점과 단점을 계속 생각하면서 고민만 잔뜩합니다.

저는 어느 순간, 주어진 길이 아닌 다른 험난한 길을 굳이 선택하는 사람들을 유심히 살펴보기 시작했습니다. 그들이 만들어 내는 놀라운 에너지가 저를 흥분하게 만들기 때문이지요. 저는, 당신의 가장 미숙한 부분, 가장 자신 없는 연약한 부분이 너무 알고 싶습니다. 영국의 가장 유명한 오디션 프로그램 브리튼즈 갓 탤런트 Britain's Got Talent 에서 우승을 한 폴 포츠는 원래 핸드폰 판매원이었습니다. 자신감 없어 보이는 폴이 나와 무대에 서 있을 때만 해도, 그가 얼마나 아름다운 소리를 쏟아낼지 아무도 알지 못했죠. 좀처럼 감정을 드러내지 않는 심사위원 사이먼 코웰은 폴의 오페라 '투란도트' 아리아 '공주는 잠 못 이루고' Nessun Dorma 를 듣고 이렇게 말했습니다. "우리는 지금 한 줌의 석탄이 다이아몬드가 되는 걸 함께 보고 있군요."I think that we've got a case of a little lump of coal here that is gonna turn into diamond. 나는 우리가 얼마든지 서성거리고, 발을 동동거리고, 하지만 끝내는 문을 두드렸으면 좋겠습니다. 몇 번이고 그랬으면 좋겠습니다.

수줍지만,
연결을 원해요

『텅 빈 냉장고』와 이웃

　일본 NHK방송국은 2010년 〈무연사회〉라는 르뽀를 방영하여 사람들을 충격에 빠트렸습니다. 인간관계가 완전히 소멸해 죽어도 시신을 거두어 줄 가족조차 없는 사람들의 죽음을 '무연사'로 정의하고 그렇게 죽어 간 3만 2천여 명의 행적을 거꾸로 취재해 본 것이죠.
　그들이 처음부터 모든 이들과 관계가 끊긴 건 아니었습니다. 경제적 몰락이나 가정의 파탄 등으로 가족과 등을 지고 살아야 하는 경우도 있었지만, 몸이 노쇠하고 병이 들면서 운신이 힘들어 더 이상 가족과 이웃들과 교류할 수 없어지는 경우도 있었고요. 이런 안

『**텅 빈 냉장고**』 가에탕 도레뮈스 글·그림, 박상은 옮김, 한솔수북

타까운 사연도 있었습니다. 고령의 누나와 남동생은 수천 킬로미터의 거리 때문에 만나지 못하고 서로 전화로만 교류를 했다지요.

"삐-. 스스무, 누난데. 병원에 입원했나? 만약 병원에 있다면 그걸 모르고 오늘 옥수수 보냈어. 내일이나 모레 도착하는데. 뭐 없으면 없는 대로 반송되어 오니까 괜찮겠지만. 그래, 끊을게. 딸깍. 뚜-, 뚜-, 뚜-, 뚜."

동생이 죽어서 바닥에 쓰러져 있는지도 모르고, 계속 전화했을 누나를 생각하면 가슴이 저며 옵니다. 10년 전 남의 모습으로만 느껴졌던 일본의 아픈 이야기, 이제는 우리에게도 익숙한 소식이 되어 버렸습니다.

어두운 소식만 들려오는 가운데, 읽으면 기운이 날 만한 그림책이 있습니다. 바로 『텅 빈 냉장고』입니다. 2015년 볼로냐 라가치상 북앤시즈 부문에서 수상을 한 그림책이지요. 북앤시즈 부문은 2015년 새로 개설되었으며 식량, 농업, 생물 다양성, 기아 등을 다룬 그림책에서 수여되는 상입니다. 함께 그림책을 살펴볼까요?

밤이 되자 사람들은 터덜터덜 집으로 돌아옵니다. 많이들 지쳐 보이네요. 하루 종일 길거리에서 악기를 연주했지만 동전 몇 푼밖에 벌지 못한 사람도, 열심히 경주용 자전거를 탄 사람도 있습니다. 온종일 집에서 통화만 한 사람도 있고, 우울감에 빠져 있었던 사람도 있지요. 어, 알고 보니 이 사람들은 같은 아파트에 사는 사람들입니다. 5층짜리 건물에 사는 이웃들이었군요.

그림책은 온 힘을 다해 독자들에게 말을 건네려 합니다. 촌철살인의 텍스트로 깊은 감동을 주는 그림책도 있고, 빼어난 표현 기법과 그림으로 독자들을 매혹시키는 그림책도 있지요. 하지만 그림책의 판형, 그림책 자체의 크기와 너비, 종이의 두께와 질감으로도 많은 걸 알 수 있거든요. 『텅 빈 냉장고』의 판형은 세로로 길쭉합니다. 왜 길쭉한 모양으로 책을 만들었을까요? 맞아요, 5층짜리 건물이 위로 길쭉하기 때문이지요. 또한, 층마다 다른 색으로 칠해져 있기도 하네요. 1층부터 위로 차례대로 주황, 노랑, 초록, 빨강, 흰색. 이 색깔들은 무엇을 의미할까요? 책을 읽어 가며 확인해 볼까요?

아파트의 각 층에 사는 사람들은 고단했던 하루를 마치고 허기를 채우려 냉장고를 열지만 쓸 만한 음식은 찾아볼 수 없습니다. 오늘 하루 거리에서 류트로 연주를 하다 온 앙드레이 아저씨는 1층에 삽니다. 먹을 만한 것이라곤, 말라빠진 당근 세 개뿐. 하는 수 없이 당근 세 개를 들고 2층으로 올라갑니다. 2층에 누가 사는지는 모르는 채로요. 먹을거리가 있으면 얻어 볼까 하는 생각으로요. 경주용 자전거를 즐겨 타는 나빌 아저씨가 문을 열어 주는군요. 하지만 가진 건 달걀 두 개랑 치즈 한 조각뿐이라고 하네요.

드디어 아까 우리가 궁금해했던 색깔의 비밀을 알 것 같습니다! 당근이 주황색이잖아요? 치즈는 노란색이고요. 각 음식의 색이었던 걸까요? 그렇다면 초록, 빨강, 하양의 의미도 대충 짐작이 갑니다. 저는 윗층에 누가 사는지도 모른채 무작정 음식을 얻으려 위층에 올라가는 게 그 어떤 판타지보다도 더 비현실적으로 느껴졌어요. 요즘 세상에, 누가 음식 좀 달라고 낯선 사람의 현관문을 두드릴 수 있겠어요?

AI 번역기에 대한 우스갯소리 하나를 들었습니다. "우리 언제 밥 한 끼 해야지?"를 영어로 번역하면 이렇게 된다고요. "When should we eat?" 번역된 문장을 보고 막 웃었습니다. 기계는 역시 사람들이 음식에 대해 품고 있는 복잡다단한 따스함을 영원히 이해하지 못할 거예요. 최근 독특한 예능 프로그램을 텔레비전에서 보게 되었습니다. 〈한 끼 줍쇼〉 출연진들은 낯선 동네에 가서 무작정 벨을 누르고, 밥 한 끼를 달라고 부탁합니다. 사람들은 문을 열어 줄까요? 네, 놀랍게도 문을 열어 주는 사람들이 있습니다. 정리가 전혀 안 된 집이 방송에 나가는 것에 대한 걱정, 제대로 대접할 음식이 없어서 하는 걱정을 드러내기도 하지만 끝내 대문을 열고 조촐하나마 음식을 대접합니다. 모두가 대문을 열어 주냐고요? 그건 또 아닙니다. 열어는 주고 싶지만, 그럴 상황이 아니라며 거절하기도 하고요. 낯선 사람은 집에 들이지 않는다는 말로 대화를 끝내 버리기도 합니다. 저는 끝내 한 끼를 대접하지 못하고 거절하는 사람들도 이해가 됐습니다. 타인과 교류하고 싶어 하면서도 망설이고 겁내는 게 결국 현대인들의 솔직한 모습 아닐까요?

1층 앙드레이 아저씨의 당근으로 시작해 2층에서 노랑 치즈, 3층에서 초록 쪽파와 4층의 빨강 토마토, 5층의 흰 밀가루를 모두 모았습니다. 부족한 재료나마 뭔가를 만들어 먹어야죠? 이미 다섯 층의 사람들이 모여 음식을 만드는 것부터 축제나 다름없습니다. 도입에서 펜 드로잉으로 건조하게 시작되었던 장면은 이제 여러 재료들이 섞이면서 화려하고 풍성한 색깔의 앙상블이 됩니다. 음식은 맛도 맛이지만 눈으로도 먹는 거라고 하잖아요. 맛도 좋고, 모양도 좋지만 정으로도 먹는 것 아닐까요? 다섯 층의 이웃들은 음식을 만들어 옥상에서 먹기로 마음먹습니다. 꼭대기에 올라갔더니 그만! 생각지도 못한 멋진 풍경을 만나게 됩니다. 아, 입이 근질거리지만 이 장면은 꼭 그림책을 보며 직접 확인하셨으면 좋겠습니다.

"아, 갑자기 배고프다." 하는 한 아이의 말에 우리는 함께 웃었습니다. 급식 시간은 아직 멀었고, 뭐라도 하고 싶어 우리는 메뉴판을 함께 그려 보기로 했습니다. 따뜻한 음식으로 위로가 필요한 사람, 외로운 사람들에게 주고픈 음식을 담은 메뉴판이지요. 음식도 음식이지만, 메뉴에 곁들여진 설명이 일품입니다.

이 푸딩을 먹으면 외로움이 싸-악 사라지는 마법이!
이 스파게티 먹으면 자신감이 쭈-욱 급상승!
지친 마음까지 치유해 주는 따뜻한 계란찜
몸이 스르르 녹는 따뜻한 클로렐라 밥
추운 날 몸을 녹여 줄 따뜻한 물

작가인 가에탕 도레뮈스는 프랑스에서 태어나 지금까지 일러스트와 그림책 작업을 병행하고 있습니다. 최근에는 『ici』(프랑스어로 '여기')라는 그림책을 내기도 했지요. 작가는 분필로 길 한가운데에, 잘

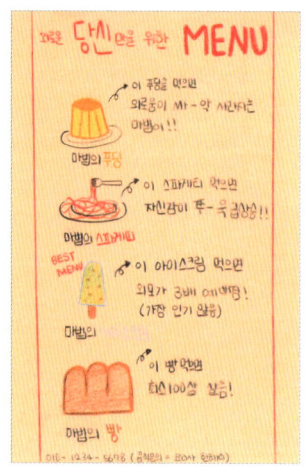 

보이지 않은 흰 벽에, 공사장 허물어지기 직전인 담장에 그림과 글을 남겼습니다. 사람들이 분주하게 걸어가는 발밑에서 그의 드로잉이 더욱 돋보인다고 느꼈습니다. 굳이 왜 그런 곳에 드로잉을 남겼을까요? 비가 오거나 눈이 오면 다 지워질 작업이었을 텐데요. 사람에 대한 애정, 공간에 대한 끝없는 관심을 가졌기에 그런 길거리 아트를 열정적으로 해 오지 않았을까요. 그런 따스한 주제의식으로 『텅 빈 냉장고』를 완성하기도 했을 거고요.

그림책엔 어쩜, 세상살이가 이토록 모두 담겨 있는지 모르겠습니다. 프랑스 어느 동네 이름 모를 길 바닥에 적힌 그의 드로잉과 프랑스어 문장을 소리 내어 읽고 싶어집니다.

아름다운 균열

『완벽한 계획에 필요한 빈칸』과 일상의 틈

"여행을 좋아하시나요?"

　세상에 뭐 이런 질문이 어디 있냐고요? 여행을 안 좋아하는 사람이 어딨겠냐 싶지만 통계에 따르면 놀랍게도 꽤 많은 사람들이 여행이 별로 즐겁지 않다고 말합니다. 처음에 그 통계를 접했을 때 정말 의아했습니다. 제 주변에도 그런 친구들이 있었습니다. "응, 사실 여행 별로 즐겁지 않아. 계획하는 것도 버겁고, 불확실한 상황에 맞닥뜨리느니 그냥 집에 있겠어." 그때 처음 알았습니다. 어떤 사람에게

『완벽한 계획에 필요한 빈칸』 쿄 매클리어 글, 훌리아 사르다 그림, 신지호 옮김, 노란상상

계획은 정말 계획일 뿐이지만, 어떤 이에겐 틀려선 안 되는 정답지 같은 것이라는 걸요.

대학교 2학년 때 첫 해외여행을 떠났습니다. 단짝 친구와 함께 떠나는 유럽 40일. 꿈만 같지 않았겠어요? 한 학기 내내 동선도 짜고, 숙소도 알아보느라 정신이 하나도 없었지요. 하지만 즐거운 분주함이었어요. 빈틈없이 계획을 짰으니 걱정할 것이 하나도 없었습니다. 정말 여행은 우리 계획대로 순조롭게 흘러만 갔지요. 여행이 반 정도 흘러갔을 때였을까요. 우리는 독일 하이델베르크의 기차역 플랫폼에서 베를린을 향하는 기차를 기다리고 있었습니다. 5분 후면 기차는 올 것이고, 짐도 단단히 챙겼어요.

문득 친구는 나직이 이런 말을 내뱉었어요. "있잖아. 좀 따분하지 않아?" 저는 깜짝 놀랐습니다. 제 마음을 들켰나 싶었다니까요. 이 도시에서 이틀, 저 도시에서 사흘. 이렇게 짜임새 있게 나아가는 여행이 만족스러울 줄로만 알았는데 사실 그 와중에 마음의 허기가 있었던 거예요. 기차역 플랫폼 한가운데 서 있었던 우리는 의미심장한 눈빛을 주고받았어요. 왼쪽으로 들어오는 기차를 타면 베를린으로, 오른쪽 기차를 타면 함부르크로 갈 수 있었거든요. 기차 패스로 어디든 자유롭게 갈 수 있었으니 가능하기도 했겠지요.

"함부르크…? 갈래?"
"가자! 어디든 가자!"

우리는 즉흥적으로 행선지를 바꾸었습니다. 예약했던 숙소를 허공으로 날리게 됐으니, 함부르크에서 새로운 숙소를 찾아야 했지요. 함부르크가 어떤 도시인지 전혀 알지도 못했어요. 가이드북을 뒤적거리던 우리는 첫 줄을 읽자마자 동시에 웃음을 푸학 하고 터뜨렸어요.

함부르크. 독일의 제2 도시이며 공업 중심 도시이기도 하다.

세상에 유럽씩이나 되는 곳에 가서 굳이 공업 도시로 여행을 가는 사람이 몇이나 되겠어요? 친구와 둘이서 함부르크역에 내려 거리를 걸었어요. 함부르크는 정말이지 화사한 뮌헨이나 하이델베르크와는 달리 칙칙한 느낌이 드는 도시였어요. 이상하지요. 10년이 지난 오늘, 독일을 떠올리면 가장 먼저 떠오르는 건 결국 이런 일들입니다. 완벽하던 여행을 한 번 살짝 비틀어 보았는데, 오히려 그게 여행의 활기를 다시 만들어 냈던 거죠.

『완벽한 계획에 필요한 빈칸』의 가족은 하루도 쉴 틈 없이 매일매일 메모를 합니다. 모든 걸 계획하고 적기 바쁘지요. 도대체 뭘 적느냐고요? 엄마는 무시무시한 질병과 축구 선수 이름을, 아빠는 하기 싫은 귀찮은 일과 곤충 이름을 적고요. 할아버지와 첫째 위니 프레드, 둘째 에드워드와 막내 프레드릭까지도 중독자처럼 메모를 해 대고 있었으니까요. 책장을 넘기다 남 얘기 같지 않아 뜨끔했답니다. 일을 시작하기도 전에 계획에 지레 겁먹었던 적은 수도 없이 많았습니다. 계획 세우다 질려서 하려던 일을 그만둔 적도요.

이 그림책의 원제는 바로 'The Listz'입니다. 그대로 해석해 보자면 '목록'으로 번역할 수 있겠네요. 링컨 대통령의 게티스버그 연설의 유명한 문구를 한 번 패러디 해 볼까요? 이 가족은 목록의, 목록을 위한, 목록에 의한 삶을 살고 있는 거죠. 목록에 없는 일은요? 아뇨! 그런 일은 있어서도 안 되고, 있을 수도 없을 겁니다. 목록은 중요하니까요. 하지만 모든 매력적인 이야기는 의외성에서 발생합니다. 그러던 어느 날, 뜻밖의 일이 생기죠. 목록에 없는 누군가가 집에 나타났거든요. 빗자루 같은 회색 머리칼은 눈을 뒤덮고 있고, 검은색 외투를 입은 기묘한 느낌을 내뿜는 남자가요. 뭔가 심상치 않은 일이 생길 것 같잖아요. 저는 순간 긴장했습니다. 도대체 누굴까요?

마음대로 들어온 남자는 메모를 적기 바쁜 엄마에게 말을 겁니다. 하지만 엄마는 눈을 마주치지 못할 만큼 분주해 보이는군요.

"안녕하세요."
"제 목록에 적혀 있는 분인가요?"
"아니요."
"혹시 펠레 씨 아닌가요?"
"아닌데요."
"그렇다면 아쉽군요."

기가 막힐 노릇입니다. 낯선 남자가 집 안에 마음대로 들어와 말을 거는데도, 목록 얘기만 늘어놓고 있다니요! 너무 우습잖아요. 참

어리석다 싶어서 깔깔 비웃고 싶은데, 어찌 우리 모습을 닮은 것 같기도 합니다. 목록이란 참 효율적이고 인간의 삶을 윤택하게 하는 놀라운 발명품입니다. 목록에 적으면 모든 게 가능해지니까요. 하지만 뒤집어 생각해 보면, 목록에서 누락되면 자연스럽게 소외가 일어날지도 모릅니다. 목록은 마법 같기도 하지만, 얄짤 없는 냉혈한 같기도 하지요.

켄 로치 감독의 〈나, 다니엘 블레이크〉는 목록에 자기 이름이 없어 고통받는 한 남자를 그린 영화입니다. 목수였던 다니엘은 아내를 먼저 떠나보내고 지병이었던 심장병이 악화되면서 직장을 잃게 됩니다. 실업급여를 받기 위해 안간힘을 씁니다. 여기저기 관공서에 전화를 걸어 보지만 그 누구와도 통화할 수 없고 녹음된 안내 음성만 흘러나옵니다. 우여곡절 끝에 통화를 하게 되지만 1시간 48분이나 기다린 끝에 질병 수당 대상자가 아니라는 말만을 듣게 됩니다. 답답한 마음에 결국 다니엘은 관공서를 찾았으나 일은 순탄하게 풀리지 않습니다. 상담은 온라인 신청을 미리 해야만 가능하다나요. 다니엘은 컴퓨터를 만질 줄도 모릅니다. "나는 연필 세대라고요!"^{Well, I'm pencil by default!} 하고 소리쳐 보지만 소란을 일으켰다며 끌려 나가고 맙니다. 여기 명백히 존재하고 있지만, 목록에 없어서 우리는 얼마나 자주 존재를 부정당하며 사는가요. 혹시, 우리가 그렇게 하고 있지는 않은가요?

이 작품의 그림도 자세히 살펴보지 않으면 서운합니다. 그림 작가는 바로 스페인의 바르셀로나에서 살고 있는 훌리아 사르다입니다. 여백 없이 촘촘히 채워진 그림을 하나씩 뜯어보는 재미가 쏠쏠합니다. 가족들의 방마다 액자가 가득하네요. 외국 영화를 보신 적이 있나요? 우리나라의 실내와 달리 유난히 액자가 많습니다. 아기 사진부터 현재 사진까지 액자를 수십 개씩 달아 놓는 경우도 많으니까요. 메모를 하느라 눈 밑이 다크서클로 어두워진 가족들을 보는 것도 빼놓을 수 없는 재미입니다. 방을 채우고 있는 소품들과 식물들의 배치도 흥미롭군요. 알로에랑 몬스테라, 산세베리아도요. 작가들은 소품 하나하나도 사력을 다해 그린답니다. 서사를 한 번 훑은 뒤, 장면을 샅샅이 짚어 보는 것도 큰 재미겠지요? 모든 장면이 일러스트 작품을 보는 듯이 매력적입니다. 입체감보다는 평면감이 두드러집니다. 이력을 보니 고개가 끄덕여집니다. 디즈니-픽사에서 오래도록 일했고, 현재도 게임 캐릭터 작업과 일러스트 작업을 꾸준히 하고 있다고요.

낯선 불청객은 가족 모두에게 이런저런 질문을 합니다. 하지만 그 누구도 "당신 누구요?" 묻지 않습니다. "내 목록에 있는 분인가요?"라고만 할 뿐이었죠. 집을 청소하고, 머리를 자르고, 한숨 늘어지게 낮잠을 자도 아무도 눈치채지 못합니다. 단, 둘째 에드워드는 좀 달랐지요. 이 집 안에서 에드워드만이 이 사람과 눈을 마주칩니다. 이윽고, 대화다운 대화를 나누게 되죠.

"문이 열려 있었어."

"알아요. 제가 문을 열어 뒀거든요."

"네가 열어 뒀다고? 나를 위해서?"
"그런 것 같아요."

저는 이 대화에서 머리를 한 대 얻어맞은 기분이 들었습니다. 낯선 불청객으로 일어난 이 모든 일은 사실 일부러 문을 열어 둔 에드워드 때문에 일어난 일이었던 거네요! 한 단어가 머리를 스칩니다. 그 단어는 바로 '틈'입니다. 김소연 시인의 『한 글자 사전』은 한 글자로 된 낱말들을 모아 둔 아름다운 사전입니다. '틈' 부분을 살짝 읽어 볼까요?

틈
생각날 틈 없이 핸드폰으로 메시지를 주고받는 연인, 생각할 틈 없이 핸드폰을 열람하는 사람들, 모든 틈은 핸드폰이 점령했다.

그렇습니다. 에드워드는 직접 틈을 만들었고, 틈이 숨 쉴 수 있게 했던 장본인이었습니다. 틈이 있었기에 낯선 남자도 집에 들어올 수 있었던 것이었고요. 잠시 어색한 순간이 흐르고 나서, 둘은 마음껏 질문을 주고받습니다.

"우리는 어디에서 온 걸까?"
"우리가 까먹은 것들은 모두 어디로 가는 걸까?"
"물건 하나를 보는데 왜 눈이 두 개 필요한 거예요?"

목록에 존재하지도 않았던 낯선 남자와 목록에 집착하던 아이 에드워드는 목록에 없었던 아름답고 깊은 질문들을 던지며 지붕 꼭대기에 앉아 먼 곳을 바라보는 고요한 한때를 보냅니다. 우리가 마지막으로 전혀 실용적이지 않고 먹고사는 일에 관련 없는 질문을 던지며 시간을 보냈던 건 언제인가요? 기억조차 나지 않는다고요? 아인슈타인은 정리정돈에 집착하는 사람들에게 일갈하며 이런 말을 남긴 적이 있죠.

"어수선한 책상이 어수선한 정신을 의미한다면, 비어 있는 책상은 무엇을 의미하는가?"

그 누구도 위로하고 있지 않은데, 이상하게 위로를 받는 그림책이 있습니다. 왠지 이 작품으로 마음이 조금은 편안해진 아이들에게 이런 질문을 던져 보았습니다. "여태까지, 오히려 완벽하지 못해서 좋았던 적이 있었다면?" 생각지도 못한 답변들에 입꼬리가 올라가는 기분입니다.

친구랑 같이 시험을 본 적이 있었는데, 시험을 잘 보지 못했지만 친구와 같은 성적이 나와 같은 반이 되었던 우연!

나의 모든 것이 완벽하지 못하니 내가 나를 완성해 갈 수 있는 것. 나의 내일은 내가 밝게 만드는 것이다.

새 학기에 내가 완벽하지 않고 허당끼가 많아서 사람들에게 다가가기 쉬웠던 것!

계획적이지 못한 나를 혼내기 바빴던 나날, 이 그림책을 지금이라도 만나길 다행입니다. 이제는 좀 더 무계획이어도 될 것 같아요. 틈을 만들고, 비집고 들어가 의외의 즐거운 일들을 만나려면 말이죠. 새삼, 그림책은 참 매력적입니다. 뚜렷한 메시지를 붙잡은 것 같았는데, 거듭 보다 보면 또 다른 이야깃거리가 보이기도 하거든요. 이 책이 바로 그런 작품이었답니다. "완벽하지 않아도 괜찮아!" 스스로 어깨를 토닥거려 줄 생각이었는데, "제발 완벽하지 말아 줘!" 하고 큰 소리로 모두를 설득하고 싶어졌으니까요.

틈이 있는 나라서 좋습니다.
틈이 있는 당신이라서 좋습니다.

취미는 질문

『왜냐면 말이지…』와 경이로움

　『샘과 데이브가 땅을 팠어요』(시공주니어)와 『애너벨과 신기한 털실』(길벗어린이) 등으로 우리나라에서 큰 사랑을 받고 있는 작가 맥 바넷이 2019년 화창한 봄날, 한국에 방문했습니다. 제가 일하는 곳에서 30분도 걸리지 않은 도서관에 그가 와 있는데도, 저는 바쁜 일정 때문에 가지 못했지요. 여러 사람들이 올린 사진 속의 그는 단정하게 손질한 금발 머리를 하고 있었습니다. 사진만으로는 그가 어떤 사람인지 전혀 알 수 없었습니다. 저는 아쉬운 대로 영상을 찾아 헤맸습니다. 화면으로나마 그의 목소리를 듣고 싶었습니다.

『왜냐면 말이지…』 맥 바넷 글, 이자벨 아르스노 그림, 공경희 옮김, 시공주니어

2014년 화면 속의 맥 바넷은 긴 단발머리에 초록색 양말을 신고 있었습니다. 17분 동안 쉬지 않고, 입담만으로 청중을 완전히 매혹시켜 버렸죠. 그가 대학 시절 4세 아이들 여름 캠프 선생님으로 일했던 얘기가 가장 인상적이었습니다. 듣자 하니, 날마다 가져온 과일 도시락이 먹기 싫어서 정원에다 버리는 여자아이가 하나 있었대요.

"라일리, 과일은 버리는 게 아냐. 먹어야지."
"왜요?"
"그러면 멜론 씨앗이 싹 터 거기가 모두 멜론으로 뒤덮일 테니까."
"아뇨, 그런 일은 절대로 안 생겨요!"

맥 바넷은 캠프 마지막 날 아침 일찍 마트로 가서 그 아이의 머리보다도 훨씬 큰 멜론을 사, 몰래 정원 아이비 넝쿨 사이에 놓아 두었답니다. 그러고는 시치미를 떼었답니다. "라일리! 저기 넝쿨로 가서 네가 한 일을 좀 봐!" 그 아이의 눈은 휘둥그레졌습니다. 진짜 멜론이다! 멜론을 둘러싸고 아이들 사이에 한바탕 소동이 일어났다지요. 작가는 뒤에서 팔짱을 끼고 흐뭇한 회심의 미소를 지으며 서 있었을 테고요. 그럼 그렇지, 작가가 저 정도는 되어야 독자를 들었다 놨다 하는 겁니다. 그죠?

맥 바넷은 이야기가 아무리 이상해도 진실과 맞닿아 있는 부분이 있으면 아무도 이상하게 생각하지 않는다고 덧붙였습니다.『샬롯의 거미줄』의 거미 샬롯이 말을 해도, 나니아 연대기『사자와 마녀와 옷장』에서 옷장을 열면 무슨 일이 벌어진다고 해도 아무도 이상하게 생각하지 않습니다. 우리에게는 시적인 믿음 poetic faith 이라는 게 있거든요. 그게 바로 예술과 허구, 어디 중간쯤에 위치한 곳이라고요. 작가의 말을 따르자면 '경이' wonder 라는 곳이요.

스코틀랜드 여행을 갔다가, 아주 유명한 기찻길을 구경하러 '글렌피난'이라는 마을에 간 적이 있습니다. 저는 그게 왜 유명한지도 모른 채 엉겁결에 방문하게 됐어요. 이미 사람들이 꽤 많더군요. 기찻길이 멋진 포물선을 그리고 있었지만, 기차는 좀처럼 오지 않았어요. 주변 사람들은 카메라에 삼각대까지 설치하고 느긋하게 앉아 기다리고 있었고요. 비탈길이어서 서 있기도 쉽지 않았는데 사람들은 개의치 않았습니다. 저는 주변 사람들에게 물어봤습니다. "이 기차가 무슨 특별한 기차인가요?" 했더니 사람들이 막 기막혀하며 대답했죠. "세상에, 모르고 왔어요? 해리포터가 타던 기차잖아요!" 너무나 진지한 그들의 태도에 저도 덩달아 들떴습니다. 허구와 실제 세상에 경계가 없었습니다. 맥 바넷은 그것을 '솔기'라고 표현했습니다.

그런 허구와 실제 사이의 기묘한 영역 weird place 을 슬쩍 내보이는 작품이 있습니다. 바로 『왜냐면 말이지…』입니다. 불이 꺼진 방, 아이는 침대에 누워 있고, 아빠는 방으로 들어오진 않고 머리만 살짝 들이밀고 있습니다. 딸이 아빠를 부른 걸까요? 만약 그게 맞다면 지금이 바로 베드타임 스토리가 시작될 시간이죠. 아빠는 아이가 폭 빠져들 만한 모험 가득한 이야기를 읽어 주실까요? 독자는 아빠가 뭔가 들려주시길 기다리지만, 되려 침대에 누워 있는 아이가 이야기의 포문을 엽니다.

"왜 바다는 파래요?"

여러분은 어떻게 대답하실 건가요? "시간이 늦었으니 내일 함께 찾아보자."라거나 "미안하지만 아빠도 몰라." 하실 수도 있겠죠. 과학적 상식이 있는 분이라면 조목조목 사실대로 설명해 줄 수도 있고요. 실제로 이 작품의 그림 작가인 이자벨 아르스노의 아버지는 어린 시절의 작가에게 모든 질문에 공들여 대답해 주는 사람이었다고 해요. 정치, 지리, 예술, 과학, 역사 할 것 없이 어떤 질문에도 온 정성을 다해서 대답해 주었대요. 이제 엄마가 된 이자벨 아르스노는 정작 위키피디아에서 두 번 이상 확인해야만 아이의 질문에 대답할 수 있다고 털어놓습니다. 그만큼 질문하는 일만큼이나, 대답하는 일은 많은 품이 드는 일이잖아요. 이 작품의 아빠는 망설이지 않고 이렇게 대답합니다. "날아다니는 물고기들의 눈물." 다음 장을 펼치면 두 면을 다 사용해서 풀 프레임으로 날아다니는 물고기들이 눈물을 흘리는 장면이 눈앞에 펼쳐집니다. 하늘을 날 뿐만 아니라 어떤 물고기는 한술 더 떠 기타까지 연주하고 있군요. 아이는 아빠를 쉽게 보내 주지 않습니다.

"왜 나뭇잎은 색깔이 변해요?"

머리만 빼꼼 방 안으로 내밀었던 아빠는 어느새 방문에 기대어 서 있습니다. 아이의 질문이 심상치 않습니다. 잘 자란 인사만 하고 자러 가려던 아빠도 선뜻 방을 나서지 못합니다. 사뭇 진지해진 표정. 아빠는 뭐라고 대답하실까요? 아빠의 대답을 듣기 전에 독자들도 생각에 잠깁니다. 책장을 넘기지 않고 잠시, 기다립니다. 어떻게 하면 근사하게, 말이 안 되지만 누가 들어도 설득되게 말할 수 있을까?

"가을에 세상이 추워지면
나무가 잎사귀 속에 작은 불을 피우거든.
겨울에는 마른 나뭇가지가 다 타 버리지."

아이의 질문은 끝간데 없이 뻗어 나갑니다. 바다로, 나무가 있는 땅으로, 새가 나는 하늘을 바라보았다가, 이미 사라지고 없는 공룡에게로, 우리가 결코 직접 체험할 수 없이 아득한 블랙홀로요. 사람은 누구나 삶 속에서 철학을 합니다. 아직 세상을 충분히 겪지 못한 아이도 자신과, 타인에게 질문을 던지며 철학을 합니다.

작가가 하나의 그림책을 완성하기까지는 어떤 과정을 거칠까요? 글 작가인 맥 바넷과 그림 작가인 이사벨 아르스노는 그림 작업 중에는 큰 교류를 하지 않았다고 합니다. 텍스트가 완성된 후의 그림 작업에는 굉장한 집중력이 필요로 하기 때문이죠. 그림 작가 입장에서, 편집자, 글 작가의 요구사항을 충족시키는 데 집중하다 보면 마음껏 표현하지 못하는 일이 생기기도 합니다. 일단 텍스트를 받은 후에는 철저히 자신만의 작업에 몰입했다고 해요.

왼쪽 페이지에 색이 있는 동그라미 속 굵직한 질문이 텍스트에, 오른쪽 페이지에 침실을 연출하고 그다음에 펼침 화면에는 아빠의 대답이 상상으로 펼쳐집니다. 막바지를 향하면 색색의 동그라미 속 질문들이 펼침 화면을 가득 채우죠. 이자벨 아르스노는 그 질문들을 오로지 텍스트로만 제시할지, 말주머니를 사용할지 고민하다, 끝내는 색색의 동그라미로 표현했다고 해요. 그 동그라미들이 세상을 구성하고 있는 분자 같아서 맘에 들었다고요.

그런 속사정을 듣고 나니 모든 것이 맥락 속에서 독자의 이해를 돕는 듯합니다. 처음에 빼꼼 고개만 방 안으로 내밀고 있던 아빠가 질문이 하나둘 더해지자 점점 아이 가까이 와서 결국 침대에 앉아 다정하게 머리를 쓰다듬어 주는 것도 따스합니다. 아이가 마지막으로 아빠한테 던진 질문은 무엇일까요? 이걸 맞히다니, 어릴 때 질문깨나 했던 분이시군요.

맥 바넷의 질문 세례를 보다 보니, 우리도 함께 갖가지 질문을 만들어 보고 싶어졌지요. 색색의 동그라미를 왼쪽에 붙이고, 질문과 함께 아무도 대답 못할 나만의 대답을 찾아보기로 했습니다. 질문은 나 자신에 대한 것에서부터, 자연을 향한 것, 인생의 철학에 관한 것까지 무척 다양했습니다. 종이의 색깔도, 동그라미의 색깔도 스스로 정했습니다. 마치 책을 만드는 양, 모두가 조금은 진지하게 선택을 해 보는 시간이었습니다.

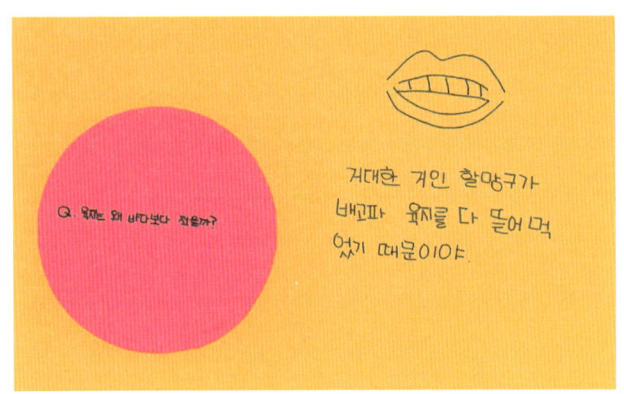

육지는 왜 바다보다 작을까?
"거대한 거인 할망구가 배고파 육지를 다 뜯어먹었기 때문이야."

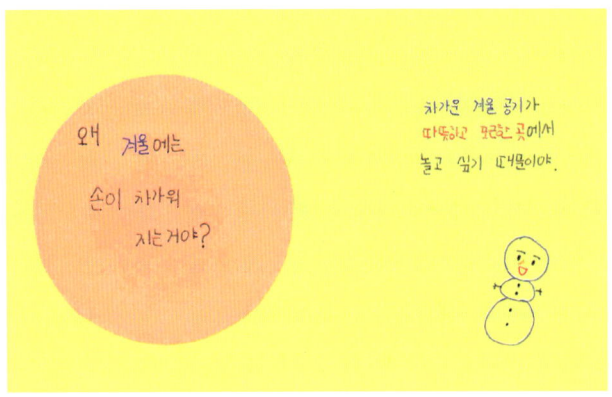

왜 겨울에는 손이 차가워지는 거야?
"차가운 겨울 공기가 따뜻하고 포근한 곳에서 놀고 싶기 때문이야."

왜 하트는 빨간색일까?
"하트는 사랑을 뜻하는데, 불이 빨간색이잖아.
사랑은 불 같아서 그래서 그래!"

우리는 여전히 질문을 던지며 살고 있는가요?

마지막으로 아무 쓸모없는 질문을 던졌던 것은 언제인가요?

그게 진짜 쓸모없었던 게 맞긴 할까요?

오늘따라 자꾸만 질문이 많아집니다.

그래서, 다행입니다.

2부

재잘재잘 그림책 이야기

상처받은
사람들의 이야기

『밴드 브레멘』과 치유

사람들은 살면서 누구나 이런저런 상처를 입습니다. 상처는 눈에 보이는 외상일 때도 있지만 마음에 입는 경우가 더 많습니다. 경쟁이 치열해질수록, 지켜야 할 것이 많을수록 사람들은 더 많은 상처를 입는 것 같습니다. 퇴근길 포장마차에서, 원하지 않은 은퇴로 편의점 한 구석에서, 어쩌면 PC방 어딘가에서 상처를 보듬고 있는 사람들이 있지 않을까 싶습니다. 교사는 상처를 덜 받을 것 같지요? 저도 여러 상처가 있습니다. 어떤 상처는 동료들로부터, 어떤 상처는 학부모로부터, 가끔은 학생들로부터 상처를 받아 마음의 흉터가 생

『밴드 브레멘』 유설화 글·그림, 책읽는곰

겼습니다. 저도 누군가에게 그런 상처를 준 적이 있었을 겁니다. 이 자리를 빌어 제가 상처 드린 부분에 대해 사과를 드립니다.

무슨 그림책을 이야기하려고 이렇게 상처 이야기를 꺼냈을까요? 이번에 제가 여러분과 함께 읽을 그림책은 바로 유설화 작가의 그림책 『밴드 브레멘』입니다. 이 작품은 상처받은 동물과 사람, 그중에서도 동물이 주인공입니다. 혹시 토끼와 거북이의 경주 이후를 다룬 그림책 『슈퍼 거북』(책읽는곰)을 기억하시나요? 『슈퍼 거북』은 이솝우화와 라퐁텐우화에 수록된 '토끼와 거북이의 경주'를 패러디해 큰 인기를 모은 작품입니다. 『밴드 브레멘』은 바로 『슈퍼 거북』을 그리고 쓴 유설화 작가의 네 번째 창작 그림책으로 역시 패러디 그림책입니다. 유설화 작가는 그 사이에 유기견 이야기를 다룬 『으리으리한 개집』(책읽는곰), 고양이 이야기를 다룬 『고양이 행성을 지켜라』(걸음동무) 같은 동물을 주인공으로 하는 작품을 펴냈습니다. 『밴드 브레멘』에도 앞서 내놓은 작품과 비슷하게 동물을 주인공으로 하고 있고, 상처받은 동물이 등장합니다. 이 그림책의 주인공인 네 동물의 이야기는 동물권에 대해 많은 생각을 하게 하죠.

저는 책 표지, 그중에서도 그림책 표지를 아주 좋아합니다. 그림책 표지는 작품을 압축적으로 보여 주기 때문에 굉장히 많은 정보가 담겨 있습니다. 그래서 저는 책을 읽기 전에 책 표지를 관찰하고 내용을 상상하기도 합니다. 관찰과 예측하기는 독서 전 활동에서 가장 중요한 방법입니다. 관찰이 '사실'fact을 찾아내는 것이라면, 예측하기는 관찰을 바탕으로 분석이라는 과정을 거치는 단계입니다. 그림책 표지 관찰에서 특히 중요한 것은 그림을 살피는 것입니다. 그런데 활자(문자)에 친숙해진 사람들은 그림에 집중하기 어려워 그림책을 깊이 접근하지 못할 때가 있습니다. 그래서 저는 의도적으로라도 그림에 집중하자는 제안을 드립니다.

『밴드 브레멘』 앞표지는 간단하지만 굉장히 재미있습니다. 표지에는 말, 고양이, 닭, 그리고 개 등 네 마리의 동물이 등장합니다. 시디^{CD} 밖으로 불꽃 같은 이글거리는 그림이 보입니다. 한 번은 이 이글거리는 불꽃이 무엇인지 유설화 작가에게 물은 적이 있었습니다. 유설화 작가는 '아주 우연히 탄생한 장면'이라면서, 시디가 큰 인기를 끌어 불타는 아이디어를 표현한 것이라 말씀해 주었습니다. 주인공인 네 동물은 각각 다른 자세와 손 모양을 하고 있어 관찰을 한 후 발표하면 아주 다양한 이야기가 나옵니다. 귀 모양, 이빨의 수, 손가락 수, 눈을 어떻게 처리하고 있는지 등도 자세히 관찰할 수 있습니다. 몇 번은 학생들 사이에서는 표지에 등장하는 닭을 두고 암탉이냐 수탉이냐 갖고 논란이 있었습니다. 벼슬이 있으니 수탉이라는 학생도 있었고, 그냥 닭으로만 봐야 한다는 주장을 펼친 학생도 있었습니다. 말씀이 나온 김에 독자 여러분도 책 표지를 보고 한 번 예측을 해 보시기 바랍니다.

동물과 사람의 사연

책 표지 예측하기 활동에서 네 동물의 사연을 예측해 보는 것도 재미있는 활동입니다. 이런 패러디 작품을 잘 이해하려면 원작을 알아야 합니다. 그래서 내용을 풍부히 이해하려면 패러디 작품을 읽기에 앞서 〈브레멘 음악대〉 원작을 읽거나 줄거리를 간추려 소개를 할 필요가 있습니다. 그 후에 『밴드 브레멘』 표지에 나오는 네 동물의 사연을 예측하면 훨씬 풍성한 이야기가 나올 수 있습니다. 제 경험상, 사람들은 대체로 말, 닭, 고양이의 사연을 잘 맞췄는데, 개의 사연은 어려워했습니다. 참고로, 힌트는 그림책 앞표지에 있다는 것을 기억하시기 바랍니다.

그림책 『밴드 브레멘』에는 동물 이외에도 사람 밴드도 등장합니다. 그런데 밴드를 구성하고 있는 사람들의 모습을 잘 살펴보면 뭔가 사연이 있을 것 같습니다. 피부색이 다른 사람도 있고, 얼굴 모습이 예사롭지 않은 경우도 있습니다. 이 사람들도 동물 밴드만큼이나 구구절절하고 깊은 사연이 있을 것 같습니다. 그래서 저는 이 그림책을 읽은 사람들과 사람들의 사연을 만드는 활동을 해 봅니다. 그리고 기회가 되면 그림책 작가인 유설화 작가님에게 그 이야기를 전해 드립니다. 알고 보니 유설화 작가는 『밴드 브레멘』을 쓸 때 사람들의 사연도 넣었는데, 책을 편집하면서 분량 관계로 사람들 이야기는 들어낼 수밖에 없었다고 합니다. 그 이야기가 무엇이었을지 궁금하지만 묻지는 않기로 했습니다. 왜냐하면 저와 우리 반 학생들이 상상한 이야기도 충분히 재미있고 의미 있기 때문입니다.

연꽃 발상 활동과 내용 정리하기

그림책은 분량이 적어 동화나 다른 글 중심의 책보다 내용을 정리하기가 상대적으로 쉽습니다. 줄거리가 있는 모든 책이 그렇듯, 그림책도 내용을 파악하는 활동이 무척 중요합니다. 같은 책을 읽고도 독서력이 높은 독자와 그렇지 않은 독자는 굉장히 다른 이해를 하지요. 그림이 많은 내용을 담고 있는 그림책은 그림을 잘 해석해 내느냐가 이해를 좌우하기도 합니다. 그래서 혼자보다는 짝이나 모둠 단위로 책 내용을 정리하는 것이 좋습니다.

저는 그림책을 읽은 후에는 연꽃 발상 활동이나 윈도우 패닝 기법을 변형하여 내용을 정리하게 하는 편입니다. 연꽃 발상 활동지는 간단한 낱말을 써넣고 규칙적으로 확장하는 일종의 마인드맵입니다. 하나의 대주제, 4개의 소주제, 그리고 16개의 생각이 책을 설명하는 방식입니다. 1987년 일본의 디자이너 이마이즈미 히로아키今泉浩晃가 개발한 만다라트Mandal-Art라는 아이디어 정리 방법이 있는데, 연꽃 발상 활동지는 '미니 만다라트'라고도 할 수 있습니다. 짝이나 모둠 단위로 내용을 정리하면 독서력이 낮은 독자도 자연스럽게 책 내용을 숙지할 수 있어 좋습니다.

제가 책 줄거리를 말해 달라고 요청하면 주저하는 독자가 많습니다. 그도 그럴 것이, 책 줄거리라는 것이 사람에 따라 상당히 달라지기 때문입니다. 책을 읽고 줄거리를 유창하게 소개하는 사람은 독서력이 무척 높은 수준입니다. 상당수의 독자는 책 줄거리를 말할 때 '이걸 빼먹으면 어떡하지?' 같은 걱정을 많이 합니다. 하지만 저는 걱정하지 말라는 말씀을 드리고 싶습니다. 열이면 열 모두 줄거리가 다를 것이기 때문에 그걸 걱정하지 않아도 된다는 말씀입니다.

줄거리를 소개하는 방법은 매우 다양합니다. 대표적인 줄거리 소개 방법으로 몇 개의 핵심 낱말로 줄거리 소개하기, 그림을 그려 줄거리 소개하기, 그림 카드를 뽑아 줄거리 소개하기, 마인드맵으로 줄거리 소개하기, 그리고 말로 줄거리 소개하기 등을 꼽을 수 있습니다. 독서력을 더 높이고자 하는 독자의 경우에는 책 줄거리를 말할 때 그림 카드나 낱말로 소개하는 것이 좋습니다. 저는 그림 카드 세 장을 고르거나 낱말 세 개를 쓴 후 줄거리를 말해 달라고 요청을 합니다. 그럼 많은 독자들이 큰 어려움 없이 줄거리를 소개하는 모습을 볼 수 있었습니다. 가장 어려운 것은 말로 줄거리를 소개하는 것입니다. 예전에는 초등학교 저학년 어린이에게 글을 읽고 말로 줄거리를 소개하라는 요청을 한 경우가 많았는데, 사실 그건 위에서 언급한 것 중 가장 어려운 줄거리 소개 방법입니다. 그래서 이제는 조금 차근차근, 쉬운 방법부터 적용하며 줄거리를 찾아나가면 어떨까 싶습니다.

그림책을 풍부하게 나누기

그림책을 읽고 내용을 정리해 보았다면 그림책 놀이로 그림책에 대한 흥미를 더 높게 만들면 어떨까요. 저는 내용을 정리한 후에 '띠빙고(line bingo)'라는 놀이 활동을 즐겨하는 편입니다. 특히 독서력이 낮은 독자는 책을 덮은 이후에 핵심 낱말을 떠올려 보라고 하면 생각이 나지 않는 경우가 많습니다. 띠빙고 활동은 빙고를 변형한 활동인데, 한 줄로 된 여덟 칸 정도의 활동지를 이용합니다. 각 칸에 낱말을 쓴 후 돌아가면서 낱말을 외치고, 양쪽 끝에 쓴 낱말이 나오면 종이를 찢어 가는 방식입니다. 핵심 낱말을 자꾸 외치다 보면 책에 수록된 여러 낱말이 익숙해지는 것을 볼 수 있을 겁니다.

『밴드 브레멘』 뒷부분에는 홈페이지나 인터넷 포털 사이트를 활용한 장면이 나옵니다. 음원 차트 순위, 연예기자의 언론보도, 책 광고 등 다양한 볼거리가 있어 인기가 많은 부분입니다. 우리 반은 〈그림책 독서 신문〉을 만드는 활동을 좋아해서, 『밴드 브레멘』을 읽고 그림책 신문을 만들어 봤습니다. '밴드 브레멘, 고래섬 축제에서 큰 인기 끌어' 같은 보도기사를 쓰며 책 내용을 재미있게 정리할 수 있습니다. 또 『밴드 브레멘』이라는 그림책을 광고하는 잡지형 광고를 만들거나, 등장인물과 가상 인터뷰를 하는 핫시팅 활동도 해 볼 수 있습니다. 혼자서 그림책 독서 신문을 만들기보다는 두 세 명이 짝을 이뤄 해 보면 더 재미있는 콘텐츠가 나올 수 있으니 여러분도 한번 도전해 보시기 바랍니다.

상처받은 사람들을 위한 치유

최근 동물권에 대한 관심이 높아지면서 유설화 작가의 작품을 찾는 사람들도 많습니다. 유설화 작가의 그림책은 잘나거나 멋있는 사람이 아니라 상처받은 동물이나 물건(『잘했어, 쌍둥이 장갑!』)이 주인공입니다. 유설화 작가는 동물을 사랑하고, 동물을 그림책 캐릭터로 만드는 데 재능이 있는 마음이 따뜻한 그림책 작가입니다. 당장 『밴드 브레멘』에서도 사회적으로 이슈가 되었던 노老경주마, 동물실험용 개,

『밴드 브레멘』 카오스 낱말 찾기

※ 『밴드 브레멘』에 나오는 낱말(세 자 이상)을 12개 찾아보세요. 가로, 세로, 대각선으로 연속해서 있는 낱말입니다.

아	코	경	주	마	로	밴	관	봇	레
름	별	가	무	컴	나	오	겨	광	울
드	울	앙	소	나	무	그	늘	름	객
리	눈	계	사	림	스	드	퓨	브	터
성	람	장	송	속	버	카	석	여	맨
길	모	통	이	크	사	영	실	험	실
주	청	솔	살	고	봉	정	화	가	장
아	심	금	해	스	양	음	목	안	짓
와	살	이	대	자	설	사	악	갯	위
금	쿵	음	악	축	제	이	날	대	경

공장식으로 사육 당한 닭, 길고양이 등의 동물이 등장하니 말입니다.

그녀의 작품은 그림책으로는 이례적으로 글자가 많은 편입니다. 유설화 작가는 서사 구조를 중요하게 생각하고, 개연성을 잘 갖추려 상대적으로 많은 글을 그림책에 담고 있습니다. 그래서 유설화 작가의 작품을 펼치면 마치 한 편의 동화를 보는 것 같은 느낌을 받게 됩니다. 또한 그녀는 그림책 1인극 공연을 하는 공연형 작가이기도 합니다. 우리나라에는 30명가량의 그림책 1인극 작가가 활동 중입니다. 유설화 작가의 『슈퍼 거북』 1인극은 그림책 내용과 그림책 밖 이야기를 섞어 연령에 관계없이 그림책을 즐길 수 있도록 디자인된 일종의 참여형 연극입니다. 그녀의 작품이 서사를 중요하게 여기는 만큼 연극으로 만들기에 재미있는 이야기가 충분합니다. 그녀는 자신의 그림책을 바탕으로 약간의 상상력과 기술을 더해 무대 공연을 보여 줍니다. 느림보 거북이, 유기견, 길고양이, 그리고 상처받은 여러 동물이 주인공인 걸 보면 유설화 작가의 방향이 보입니다. 유설화 작가는 그림책계의 사회복지사, 전문상담사인 것이 분명합니다.

덧붙여 '담다디'의 가수 이상은 씨가 글을 쓰고 서평화 작가가 그림을 그린 그림책 『넌 아름다워』(노란상상)도 읽어 볼 것을 추천합니다. 저는 옆 교실의 선생님께 "가수 이상은의 '비밀의 화원'을 듣고 이 그림책을 읽어 보세요."라고 권했습니다. 그림책의 내용이 노래 '비밀의 화원' 가사와 참 관련이 많게 느꼈기 때문입니다. 그 선생님은 가수 이상은 씨가 부른 '삶은 여행'이라는 노래를 떠올렸더군요. 그리고 자신이 어려웠을 때 '삶은 여행'이라는 노래를 부르며 위안을 삼았다고 말씀해 주셨습니다.『넌 아름다워』도 삶에 위로를 던지는 그림책으로 당신께 추천합니다.

당신에게
스마트폰은?

『스마트폰을 공짜로 드립니다』와 마음

저는 봄이나 가을이면 옛날 생각에 잠기곤 합니다. 손때 묻은 물건을 볼 때도 옛 기억을 더듬어 봅니다. 그리고 보니 추억을 통해 큰 인기를 얻은 프로그램이 기억납니다. 당신은 케이블 채널에서 방영한 〈응답하라 1997〉, 〈응답하라 1994〉, 〈응답하라 1988〉 같은 '응답하라 시리즈'를 알고 계십니까? 이 시리즈는 소소한 아이템과 오에스티^{OST} 등으로 사람들의 추억을 불러일으켰습니다. 저도 이 시리즈에 나왔던 삐삐와 피시에스^{PCS} 등을 애용했던 기억이 있습니다. 고등학생 때는 삐삐를 이용했고, 대학생이 되었을 때는 피시에스를 이

『스마트폰을 공짜로 드립니다』 미우 글·그림, 노란돼지

용했습니다. 요즈음 휴대전화는 전화보다 와이파이와 데이터 중심으로 진화했지만, 당시에는 전파가 얼마나 잘 터지느냐를 놓고 경쟁했었습니다.

그런데 스마트폰의 등장이 의사소통 방식을 많이 바꾼 것 같습니다. IBM과 노키아에서 스마트폰을 먼저 출시했지만, 진정한 의미의 스마트폰 시대를 연 것은 역시 애플의 아이폰이었습니다. 스마트폰의 시대가 열리면서 많은 사람들이 소셜네트워크서비스[SNS]를 이용하기 시작했고, 또 더 많은 사람들이 스마트폰 속 세상에 빠져들었습니다. 이제 스마트폰은 거의 생활필수품처럼 느껴지기도 합니다. 심지어 요즈음 세대를 스마트폰 세대라고 호명하는 사람들도 있을 정도입니다.

제가 초등학생이었을 때 뜨거운 아이템은 체인부츠였습니다. 요즈음에는 그런 아이템을 잘 사용하지 않지만, 당시에는 겨울만 되면 체인부츠가 그렇게 부러울 수 없었습니다. 초등학교 고학년이 되었을 무렵에는 386 컴퓨터가 인기였고, 중학생이었을 때는 486 컴퓨터, 그리고 PC통신이 인기를 끌었습니다. 그렇다면 요즈음 초등학생 또래의 어린이에게 최고의 아이템은 무엇일까요? 저는 단연 스마트폰, 그것도 최신형 스마트폰이 아닐까 생각합니다. 학교 수업이 끝난 시각, 운동장에 앉아 스마트폰 삼매경에 빠진 어린이들의 모습은 어렵지 않게 볼 수 있습니다. 집에서도 스마트폰의 유혹을 쉽게 벗어나지 못하는 어린이의 모습은 이제 낯선 풍경이 아닙니다. 아니, 스마트폰에 빠져든 것이 어디 어린이뿐일까요? 성인들도 스마트폰이 잠시 없으면 불안해서 무엇에 집중을 못하는 모습이 전혀 낯설지 않습니다.

스마트폰 없이 살기 어려운 세상이 되자 스마트폰에 대해 다룬 어린이문학이나 그림책이 꽤 나오고 있습니다. 이번에 함께 읽을 그림책은 바로 미우 작가의 『스마트폰을 공짜로 드립니다』입니다. 이 작품에서도 스마트폰 이야기가 큰 흐름을 이룹니다. 이 작품은 조선 후기에 등장한 판소리계 소설 〈별주부전〉을 패러디한 그림책입니다. 패러디의 원칙은 인물, 사건, 배경을 다른 주제와 내용, 관점으로 바꾸는 겁니다. 원작을 비트는 방향에 따라 전혀 다른 작품이 될 수 있습니다. 그런데 제목부터 굉장히 다른데, 무엇을 보고 〈별주부전〉을 패러디했다고 말하는 걸까요. 그 비밀은 등장인물과 작품 중반에 숨겨져 있습니다.

책 제목 너머의 세계로 상상력을 펼치기

그림책 표지 관찰은 그림책을 읽을 때 항상 고려해야 하는 단계입니다. 『스마트폰을 공짜로 드립니다』는 뭔가 사기성이 있는 제목입니다. 그 고가의 스마트폰, 그것도 최신형 스마트폰을 공짜로 준다는 것이 말이 되지 않습니다. 표지에는 토끼 8마리가 보이는데, 스마트폰 화면 안에 들어가 있습니다. 단체 사진을 찍기라도 하는 것인지 궁금합니다. 뒤표지에는 분홍색 물방울 무늬의 원피스를 입은 토끼가 "용궁으로 가면 스마트폰을 공짜로 준대!"라고 말하고 있습니다. 아무래도 이 그림책은 별주부전과 관련이 있는 것이 틀림없습니다.

이런 정보를 관찰을 통해 수집했으니 '지우개 지우기'로 예측하는 시간이 필요합니다. '지우개 지우기'는 책에 나오거나 나오지 않을 것 같은 낱말을 찾아 지우는 활동입니다. 지운다고 진짜로 지우개로 뭔가를 지우는 것은 아니고, 나오거나 나오지 않을 것 같은 낱말에 ○나 × 표시를 하면 됩니다. 저는 15개의 낱말을 제시했고, 그중 이 그림책에 나오지 않을 것 같은 낱말 다섯 개를 골라 표시(×)를 할 것을 안내했습니다. 이 과정은 주어진 낱말로 책 내용을 상상하고, 내용에서 벗어난 낱말을 예측하는 단계입니다. 퀴즈처럼 재미있지만 책장을 본격적으로 넘기기 전에 굉장히 중요한 과정인 셈입니다. 자, 그럼 우리도 함께 풀어 볼까요?

이슬	용궁	터널	케이크	간
큰소리	도깨비	통화료	해	새
산	구름	자전거	빗방울	로밍

  자세히 살펴보니 열다섯 개의 낱말이 다 나올 것도 같고 나오지 않을 것 같기도 합니다. 사실 '지우개 지우기'는 그림책 독서토론 중 독서 전 활동에서 널리 사용하는 방법입니다. 그중에서도 예측하기 활동에 해당합니다. 저는 『독서토론논술 수업』 등으로 유명한 김성현

선생님의 책을 통해 이 방법을 배웠습니다. 학교나 도서관 등에서 적용해 보니 많은 사람들이 참 즐겁게 책에 접근할 수 있었습니다.

혼자 '지우개 지우기' 활동을 할 수도 있지만, 아무래도 다른 사람과 함께 수다를 떨면서 활동하면 더 재미있고 생각이 넓어집니다. 그 과정에서 왜 이 낱말이 책에 등장하지 않을 것 같은지 근거를 들어 이야기하면 좋습니다. 관찰과 예측을 통해 표지를 관찰하고 책 내용을 예측하다 보면 책을 읽고 싶은 마음이 불길처럼 일어나는 경우가 많습니다. 이 활동을 통해 아이들이 '도대체 이 책 내용은 뭘까?'라는 생각이 든다면 활동은 벌써 성공입니다. 위 '지우개 지우기' 활동 정답은 이슬, 케이크, 도깨비, 자전거, 로밍입니다.

책 조각(문장 순서) 맞추기

『스마트폰을 공짜로 드립니다』는 그림책치고 분량이 꽤 많은 작품입니다. 이 책은 보통의 그림책보다 50%~100% 가량 내용이 많은 편입니다. 이렇게 분량이 많은 그림책은 여러 번 펼쳐 봐야 합니다. 그림은 물론 글도 꼼꼼하게 살펴봐야 합니다. 그런데 한 번 훑어보고 책장을 덮어 버리는 독자도 종종 만납니다. 그럴 때는 어떻게 하면 더욱 집중해서, 그것도 재미있게 책을 읽을까 고민을 하게 됩니다.

저는 책 조각(문장 순서) 맞추기 활동으로 집중력 있는 책읽기를 유도하는 편입니다. 이 활동은 그림책에 등장하는 단락, 문장을 활용해 문제를 해결하는 토론 방법입니다. 저는 다섯 문장으로 구성된 단락을 꼽았습니다. 그리고 이 문장을 한 줄씩 잘라 다섯 문장을 만들었습니다. 이제 책을 덮고 아래 문장을 한 번 읽어 볼까요?

"와, 그게 진짜야?"
토끼들은 당장 용궁으로 가기로 했어.
숲속 토끼 마을에 낯선 현수막이 요란하게 춤을 추고 있었어.
"오! 꿈에 그리던 스마트폰을 가질 수 있다니!"
"용궁에 가면 스마트폰을 공짜로 준대!"

이 다섯 문장의 원래 순서는 어떻게 될까요? 분명 방금 읽은 그림책인데도 기억이 잘 나지 않습니다. 이렇게 순서를 나열해도 말이 되는 것 같고, 다르게 해도 맞는 것 같습니다. 이럴 때는 여러 사람이 힘을 합쳐 책 조각을 맞추는 것이 필요합니다. 또한 이 작품이 패러디 그림책이라는 사실을 떠올려야 합니다. 패러디 그림책을 읽을 때는 원작과 비교하는 과정이 필요합니다. 원작을 토대로 이야기를 상상해 보고, 서로 문장 순서를 어떻게 구성했는지 토론합니다. '문장 순서 맞추기' 정답은 그림책을 펴서 직접 확인해 보길 바랍니다.

이야기 다시 만들기

저는 패러디 그림책을 읽은 후 마무리하는 활동으로 이야기를 변형할 수 있는 '이야기 다시 만들기'를 추천하고 싶습니다.

이 방법은 일정 시간을 주고, 원형으로 앉은 참가자가 한 문장만 말하고 다음 사람에게 발언 기회를 넘기는 말하기 활동입니다. 일명

'시한폭탄 놀이', '릴레이 이야기 만들기'입니다. 앞사람이 만든 이야기를 듣고 다음 사람이 이어지는 이야기를 만들어야 하므로 집중력을 발휘해 순발력 있게 이야기를 만드는 게 관건입니다. 말하는 사람은 공이나 말랑말랑한 천 주사위, 구겨진 종이컵 같은 '시한폭탄'을 상징하는 장치를 갖게 됩니다. 발언권을 가진 사람은 한 문장을 말한 후 안전하게 시한폭탄을 다른 사람에게 던져야 합니다. 만약 시한폭탄을 떨어뜨리거나 제한 시간에 걸린 사람은 스티커를 얼굴에 붙이는 벌칙을 받게 됩니다. 벌칙이 없어도 진행할 수는 있지만, 간단한 벌칙이 주어질 때 활동에 더 집중하는 경향이 있습니다. 다만, 벌칙을 받는 사람의 감정이 상하는 경우가 종종 있으니 사회자의 적절한 운영이 필요합니다.

말로 새로운 이야기를 만드는 활동이 너무 길면 재미가 없습니다. 그래서 활동 시간을 제한하는데, 처음 이 활동을 시작할 때는 1분 정도가 적절합니다. 이야기를 시작하고 1분이 지났을 때 알람이 울리도록 설정하면 벌칙을 받을 사람이 누구인지 쉽게 확인할 수 있습니다. 이 활동을 통해 이야기를 이어 나가는 능력을 키우고 상상력을 확장할 수 있습니다. 스토리텔링 능력이 높아지면 제한 시간을 1분 30초, 2분으로 늘려 가도 좋습니다.

일제강점기 최고의 글쓰기 실력을 갖췄다고 평가받는 소설가 상허 이태준은 『문장강화』에서 새로운 문장작법에 대해 "말을 짓기로 해야 한다."고 주장했습니다. "글짓기가 아니라 말짓기라는 것을 더욱 선명하게 인식해야 한다. 글이 아니라 말이다. 우리가 표현하려는 것은 마음이요 생각이요 감정이다. 마음과 생각과 감정에 가까운 것은 글보다 말이다."라며 "이제부터의 문장작법은 글을 죽이더라도 먼저 말을 살리는 데, 감정을 살려 놓는 데 주력해야 할 것이다."라고 역설했습니다. 저는 '이야기 다시 만들기' 활동이 상허 이태준의 글쓰기 방향과 맞닿아 있다고 생각합니다.●

당신의 이야기를 들려주세요.

『스마트폰을 공짜로 드립니다』에서 스마트폰에 빠진 토끼들은 다른 것에 신경 쓸 여력이 없습니다. 많은 자연물과 동물이 인사를 해도 토끼의 정신은 온통 스마트폰에 가 있습니다. 집으로 돌아가는 과정에서 결국 토끼의 몸은 점점 희미해지고 몇 가지 부위만 남습니다. 두 눈과 검지만이 토끼의 존재를 알려 주는 마지막 신체입니다. 눈치챘겠지만, 눈과 검지는 모두 스마트폰을 쓰기 위한 최소한의 신체입니다. 그럼 토끼들은 어떻게 해서 몸이 원래대로 돌아올까요? 여기서 결말까지 말하면 스포일러가 될 테니 결론은 그림책을 직접 봐 주시기 바랍니다.

『스마트폰을 공짜로 드립니다』의 미우 작가는 연극 수업도 굉장히 잘 진행하는 강사이기도 합니다. 미우 작가는 〈해와 달이 된 오누이〉 이야기 중 '떡 하나 주면 안 잡아먹지' 부분을 패러디한 『사탕괴물』(노란돼지)이란 작품으로 첫 창작 그림책을 쓰고 그렸습니다. 『사탕

● 이태준, 『문장강화』, 창비.

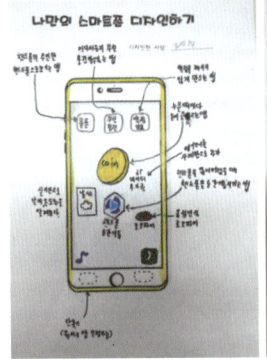

괴물』에서 아이들은 저금통을 헐어 사탕을 사 먹으러 가다가 낭패를 당하지요. 그리고 얼마 전 출간한 『파이팅!』(달그림)은 이 시대의 엄마를 응원하는 따뜻한 그림책입니다. 아마도 본인이 엄마로서 겪은 이야기들을 이 시대의 엄마들과 나누고 싶었던 것이 아닐까 싶습니다. 미우 작가는 이렇게 스타일이 조금씩 다른 그림책을 펴냈는데, 이런 작품 세계를 연극으로 표현하는 재능이 많은 그림책 작가입니다. 지난 2018년에 내촌초와 인근 동창초는 책축제 프로그램의 일환으로 미우 작가를 초청한 적이 있었습니다. 당시 미우 작가는 그림책 1인극과 함께 연극적 요소를 이용한 프로그램을 보여 줬습니다. 그때 얼마나 재미있게 연극으로 풀어 주었는지 한동안 미우 작가 이야기가 풍성하게 들려온 기억이 납니다. 또한 당시에 배운 연극 방법으로 연극 수업을 성공적으로 마칠 수 있었습니다. 우리 옛이야기를 재해석하고 그림책으로 만들어 내는 작업이 더 활발해지기를 응원하며 『스마트폰을 공짜로 드립니다』의 마지막 장을 덮습니다.

문제 해결의
실마리를 찾아서

『싸워도 우리는 친구!』와 관계

사춘기에 들어갔다는 것은 부모 품으로부터 벗어나 더 너른 세상으로 나아간다는 것을 의미합니다. 그때는 부모, 교사보다는 또래 친구의 영향력이 급격히 커집니다. 하지만 꼭 친구가 사춘기 시기부터 중요한 것은 아닙니다. 사람은 누구나 친구가 필요합니다. 친구는 놀이의 파트너이자 세상을 함께 살아갈 동지입니다. 문제는 여럿이 어울리면 갈등이 발생한다는 것입니다. 우리는 그런 문제를 해결하며 벗을 사귑니다. 어쩌면 사회화란 그런 지난한 과정을 의미하는 것일지 모릅니다.

『**싸워도 우리는 친구!**』 이자벨 카리에 지음. 김주열 옮김. 다림

이번에 함께 읽고 이야기를 나눌 그림책은 이자벨 카리에의 『싸워도 우리는 친구!』라는 작품입니다. 이자벨 카리에 작품 중에는 『아나톨의 작은 냄비』(씨드북)라는 그림책이 가장 유명합니다. 『아나톨의 작은 냄비』는 2009년 작품인데, 한국에는 2011년에 번역 출간되었습니다. 또 다른 작가의 글에 그림을 그린 『다른 쪽에서』(다림), 『아빠 생각』(씨드북) 등의 작품도 나와 있습니다. 『싸워도 우리는 친구!』는 마치 만화나 만평을 보는 것 같은 앞표지부터 독자의 시선을 끄는 재미있는 작품입니다. 이 그림책은 비교적 짧고 굉장히 간단하지만 깊은 의미가 있습니다. 어린이가 읽어도 좋지만 어른이 읽어도 감동적이고 깊이 생각할 수 있는 작품입니다. 그래서 사람들은 그녀의 작품을 '따뜻한 이야기, 소박한 그림, 참신한 아이디어'로 설명을 하나 봅니다.

이 책은 프랑스에서 2011년에 출간되었고, 한국에서 2016년에 번역 출간되었습니다. 프랑스 작가 이자벨 카리에가 글과 그림을 모두 직접 쓰고 그렸으며, 귀엽지만 철학적입니다. 우리나라 그림책 독자들은 주로 영국과 미국, 일본 그림책을 선호하는데 프랑스 그림책은 여느 나라 그림책과는 다른 분위기가 있습니다. 제가 만난 프랑스 그림책은 다른 나라 그림책에 비해 해학적이고 철학적인 특징이 있었습니다. 아마도 서넛만 모이면 토론을 하고 사색을 즐기는 프랑스의 국민성이 담겨 있기 때문이 아닐까 싶습니다.

『싸워도 우리는 친구!』는 학교폭력 예방, 인성교육 쪽에서 주목하는 그림책입니다. 제목 그대로 친구 관계에 대해 다룬 그림책이기 때문입니다. 친구를 확장하면 부부, 직장 동료, 이웃 등 거의 모든 인간관계에 적용될 수 있습니다. 그래서 저는 이 그림책을 어른이 읽어도 좋다고 생각합니다. 제 주변의 독자들은 『싸워도 우리는 친구!』를 부부가 읽어야 한다고 추천해 주기도 했습니다. 제 생각에도 부부가 함께 읽으면 시사점을 잘 찾아낼 것 같습니다.

저는 내촌초 학생들과도 이 그림책을 읽었습니다. 그림책 독서 수업으로 『싸워도 우리는 친구!』를 읽을 때에는 독서 전, 독서 중, 독서 후 활동을 준비했습니다. 『싸워도 우리는 친구!』는 분량이 많지 않은 그림책인 만큼 독서 전 활동으로 관심을 높이고, 독서 후 활동을 풍성하게 진행하고자 했습니다. 많은 독자들은 짧은 그림책을 훑어 읽는 경향이 있기 때문에 저는 이 그림책을 읽고 다양한 측면에서 깊이 생각을 나눠 보자는 계획을 세웠습니다. 이런 시도를 할 수 있는 것은 『싸워도 우리는 친구!』가 관계에 대해 충분히 돌아볼 수 있는 좋은 그림책이기 때문이었습니다.

그림책 제목을 맞춰라!

당신은 그림책 제목을 볼 때 어떤 생각을 하시나요? 저는 '어쩜 이렇게 제목을 잘 붙였을까?' 감탄을 할 때가 많습니다. 그런데 외서 그림책과 한국어판 그림책 제목이 다를 때가 꽤 있습니다. 예를 들어 데이비드 위즈너의 대표작 『Tuesday』가 한국어판에서는 『이상한 화요일』(비룡소)이 됩니다. 『싸워도 우리는 친구!』의 프랑스어 원제를 번역하면 '조금 나쁜 기분' 정도가 될 겁니다. 그런데 저는 '싸워도 우리는 친구!'라는 번역이 참 괜찮다는 생각을 해 봤습니다. 그 이유는 그림책을 다 읽으면 나오니 한 번 책을 살펴보시기 바랍니다.

저는 그림책 표지를 편집해서 책 제목을 숨기고 제목을 알아보는 활동을 좋아합니다. 이 활동을 위해 먼저 편집 프로그램으로 책 표지에서 제목을 지운 활동지를 만드는 것이 필요합니다. 학생들은 모둠별로 제목이 삭제된 책 표지의 그림을 살펴보고, 제목은 여덟 글자라는 힌트만 갖고 제목을 유추합니다. 한국어판 제목을 맞추면 더할 나위 없겠지만, 프랑스어 원제에 가깝게 맞춰도 정답으로 인정해 줘야 할 겁니다.

이 작품의 표지에는 하트 또는 달걀처럼 귀엽게 생긴 두 사람이 작은 배 위에 앉아 있는 장면이 나옵니다. 그 배는 강인지 호수인지 혹은 바다인지 알 수 없는 물 위에 떠 있습니다. 사실 여덟 자나 되는 그림책 제목을 정확히 맞추는 것은 무척 어렵습니다. 내촌초 학생들도 이 작품의 제목을 맞추는 데 실패했습니다. 그래도 다행히 책 제목과 가장 유사한 제목을 쓴 학생들은 있었습니다. 저는 그 모둠 학생들에게 작은 선물을 주었습니다.

줄거리 소개하기

『싸워도 우리는 친구!』의 주인공은 '피트'와 '패트'입니다. 이 두 사람은 남자인지, 여자인지 성을 도저히 파악할 수 없는 중성적인 캐릭터입니다. 피트와 패트는 우연히 만나 우정을 나누다가 처음에는 작게, 그리고 나중에는 크게 다투게 됩니다. 그런데 엉킨 실타래의 끝을 붙잡고 풀어 가니 진짜 문제는 아주 조금이었습니다. 그래서 두 사람은 화해를 하고 다시 좋은 관계를 만들어 나가게 되지요.

그림책 읽기에서도 내용 파악한 후 줄거리를 말하는 것은 아주 중요 과정입니다. 초등학교 교과서에는 많은 그림책이 수록되어 있습니다. 초등학교 독서 수업에서는 가장 먼저 나오는 활동이 바로 줄거리 파악하기, 그러니까 내용을 정리하는 것입니다. 내용 파악하기는 질문 수업, 다른 사람에게 줄거리 요약해서 말해 주기 등으로 연계됩니다. 질문 수업에서는 사실 질문, 추론 질문, 가치 질문(의견 질문) 등을 다루는데, 그중에서 사실 질문이 내용 파악을 위한 핵심 과정입니다. 더 나아가 추론 질문도 보다 수준 높은 내용 파악을 위한 질문이라 할 수 있습니다. 줄거리를 다른 사람에게 이야기해 주는 활동도 교과서에서 다루는 활동이니 참고하시기 바랍니다.

저는 이 그림책 내용을 정리할 때 주요 장면을 골라 줄거리를 소개하는 방법을 활용했습니다. 독자들은 제가 미리 준비한 여덟 장면을 골라 활동지에 붙이고 그림 아래에는 장면을 간단히 소개하는 낱말을 골라 썼습니다. 이 과정을 통해 각 모둠이 생각하는 중요한 장면과 덜 중요한 장면이 결정되었습니다. 줄거리 확인에는 '둘 가고 하나 남기'의 협동 학습 방법을 이용했습니다. 스마트폰 카메라 기능을 이용해 자신의 모둠 결과물을 촬영해 다른 모둠에 가서 내용을 소개했습니다. 발표하는 과정에서 "우리는 이 장면을 골랐는데, 이쪽 모둠은 다른 장면을 골랐네."라든가 "이 장면에서 우리는 이런 낱말을 썼는데, 저쪽 모둠은 다른 낱말을 썼네."라며 차이를 느낄 수 있습니다.

초성 퀴즈 풀기

그림책을 충분히 읽은 다음에는 독서 후 활동으로 모둠별 '초성 퀴즈 풀기'를 했습니다. 그림책 초성 퀴즈는 그림책에 나온 주요 낱말이 초성만 적힌 활동지를 푸는 활동입니다. 물론 활동지에는 약간의 힌트가 담겨 있습니다. 저는 초성 퀴즈 활동지에 12개의 낱말만 담았습니다. 아무래도 『싸워도 우리는 친구!』는 글이 많지 않고, 낱말도 어렵지 않기 때문입니다. 그래도 생각보다 초성 퀴즈를 푸는

ㅅㄹ	ㄷㅉ	ㅊㄱ	ㄱㅂ
힌트 우리는 모두 ㅇㅇ (인간)	힌트 베스트 프렌드 (그냥 벗이 아니라 아주 친한)	힌트 너와 나는 ㅇㅇ (그림책 제목)	힌트 나쁜 ㅇㅇ (감정)
ㅇㄴㄴ	ㅎㅂ	ㅇㅎ	ㅌㅌ
힌트 시간이 좀 지난 ㅇㅇㅇ (갑자기)	힌트 피트와 패트가 좋았을 때 (좋은 느낌, 감정)	힌트 제주도 ㅇㅇ, 해외 ㅇㅇ (다른 곳을 돌아보는 것)	힌트 배 위로 비가 올 때 (비 오는 소리)
ㅁㅇ	ㅈㄹ	ㅅㄹ	ㅁㄷ
힌트 몸과 ㅇㅇ (몸속에 있는 보이지 않는)	힌트 아, ㅇㅇ해 (따분하고 싫증 나는)	힌트 ㅇㅇ 사과해! (한쪽이 아닌)	힌트 실이나 끈을 묶은 자리 (얽힌)

것은 쉽지 않습니다. 우리가 일상적으로 사용하는 낱말도 사전적 정의를 읽고 찾으라고 하면 이렇게 어렵다는 걸 새삼 느끼게 됩니다.

이야기 다시 쓰기

얽힌 매듭을 다 푼 피트와 패트는 그 후에 어떻게 되었을까요? 『싸워도 우리는 친구!』에서는 화해한 후의 상황을 말해 주지는 않습니다. 독자는 마지막 장면을 읽으며 상상력을 발휘해야 합니다. 엉킨 실타래를 풀고 화해한 피트와 패트가 어떤 항해를 했을지 상상을 해 봅시다. 제 생각에는 이후에도 두 사람은 티격태격거렸겠지만 그전처럼 매듭이 엉키는 경우는 별로 없었을 것 같습니다. 그리고 평생 우정을 쌓으며 더 큰 바다로 항해를 해 나갔으리라 상상해 봅니다.

이런 상상력을 글쓰기로 연결해 보면 어떨까요? 그래서 저는 『싸워도 우리는 친구!』의 마지막 독서활동으로 '이야기 다시 쓰기' 활동을 안내했습니다. 제목을 '싸워도 우리는 남매!' '싸워도 우리는 토끼!' '싸워도 우리는 실과 바늘!'이라고 바꿔 이야기를 써 보는 패러디 활동이었습니다. 아무래도 제목이 바뀌면 글 내용도 달라집니다. 우리 반 어린이 독자들은 그림책을 패러디하며 새로운 이야기를 신나게 만들어 냈습니다.

책을 읽고 소감을 나눌 때 보면 인상적인 장면이 그대로 드러납니다. 『싸워도 우리는 친구!』를 읽은 김도연 학생은 "엉킨 실매듭을 찾아 화해하는 게 새롭고, 배 두 개가 합쳐 또 다른 배를 만드는 게 재미있었다."는 소감을 말했습니다. 또 다른 한 학생은 "『싸워도 우

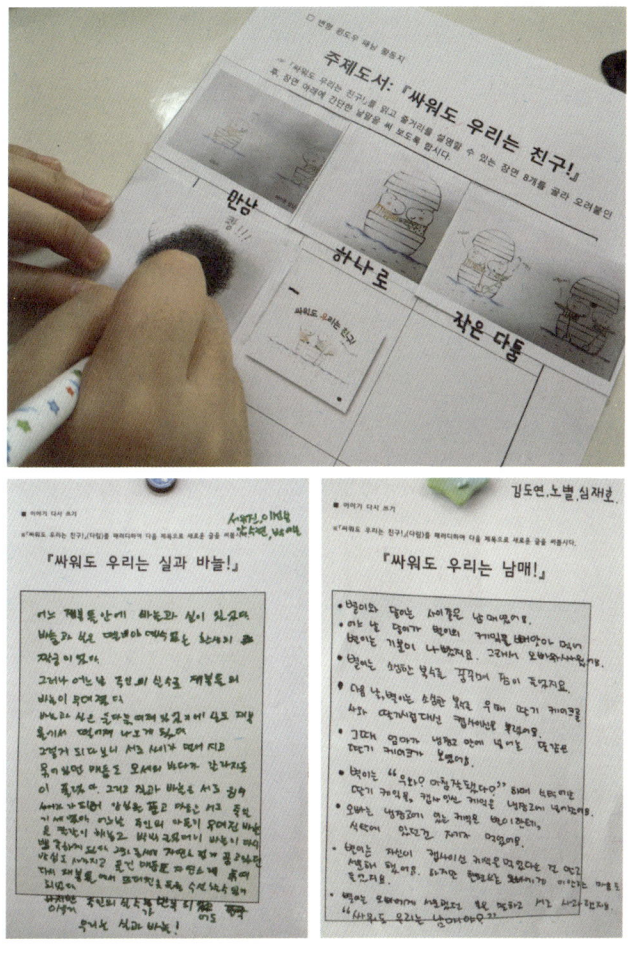

리는 친구!』가 기억에 남을 것 같다."며 "이번에 그림책을 제대로 읽었다는 생각이 들었다."는 소감을 이야기했습니다. 저는 두 어린이가 『싸워도 우리는 친구!』라는 프랑스 그림책을 충분히 잘 읽었다고 느꼈습니다.

소시에르상과 이자벨 카리에

　이자벨 카리에는 소시에르상 수상 작가입니다. 칼데콧상, 케이트 그린어웨이상 같은 상은 익숙한데 소시에르상은 조금 낯설게 느껴집니다. 그래도 요즈음에는 인터넷서점 등에서 '20○○년 소시에르상 수상작'이라는 수식어가 붙은 책을 종종 찾아볼 수 있습니다. 한국도 다른 나라와의 교류가 많아졌기에 가능한 일입니다.

　소시에르상은 프랑스 어린이 청소년 문학 작품에 수여하는 상으로, 1986년부터 선정하고 있습니다. 이 상은 프랑스도서관협회 ABF와 프랑스어린이도서전문서점협회 ALSJ 가 함께 수여하는 상입니다. 해마다 어린이, 청소년을 위한 책들 중 영아 그림책, 그림책, 처음으로 읽기에 좋은 유아 그림책, 9~12세용 소설, 청소년 소설, 다큐멘터리 등 6개 부문에서 선정된 6개의 책에 수여합니다. 그녀는 『아나톨의 작은 냄비』로 2010년 소르시에르상 그림책 부문을 수상했습니다. 그 덕에 지구 반대편인 한국까지 작품이 알려져 여러 작품이 번역 출간될 수 있었습니다.

　피트와 패트처럼 생긴 아나톨이 주인공으로 등장하는 『아나톨의 작은 냄비』는 장애를 비유적으로 다룬 작품입니다. 주목할 것은 이자벨 카리에가 다운증후군 자녀와 함께 살고 있다는 사실입니다. 어쩌면 그녀가 장애를 가진 자녀가 있었기에 이런 깊이 있는 그림책을 펴낼 수 있지 않을까 생각을 해 보았습니다. 저는 그녀가 그린 재미있는 그림을 보며 참 다행이라 느꼈습니다. 작가에게 자녀의 장애가 오로지 슬픔과 한계, 절망으로 다가오는 것은 아니라는 게 느껴지기 때문입니다. 한편으로는 이 그림책에 담긴 인생의 묵직함과 만화적인 간결함에 감탄합니다. 그녀가 삶에서 깊은 깨달음을 얻었기에 그런 따뜻한 작품이 탄생할 수 있는 건 아닐까요?

어느 별에서 왔니?

『다다다 다른 별 학교』와 개성

　현대 사회에서 개성은 참 중요한 측면입니다. 자신을 자신답게 만드는 것이 개성이라면, 개성은 가급적 존중받아야 합니다. 사실 사람은 그 모습이 다른 만큼이나 다른 생각과 취향을 가졌습니다. 비슷하게 보이는 사람, 같은 배에서 태어난 남매조차 너무 달라 놀랄 때도 많습니다. 때로는 어머니가 "내 배로 낳은 자식인데, 어쩜 이렇게 다를까!"라고 탄식하는 모습도 볼 수 있습니다. 개성은 타고난 기질, 살아온 이력, 그리고 매체를 접한 결과 등이 누적되어 나타납니다. 우리 교실과 도서관에는 너무나 다른, 개성이 넘치는 독자들이

『다다다 다른 별 학교』 윤진현 글·그림, 천개의바람

가득합니다. 그래서 가끔은 개성 넘치는 1학년 어린이를 '외계인'에 비유할 때도 있지요.●

저는 내촌초 6학년 학생들과 개성, 존중, 이해라는 측면에서 박수를 받는 윤진현 작가의 그림책 『다다다 다른 별 학교』를 함께 읽었습니다. 앞서 저는 2018년 8월에 이 작품이 막 출간되었을 무렵, 따끈한 그림책을 펼쳐 읽은 적이 있었습니다. 그림책에 교사의 마음이 잘 담겨 있었고, 마지막에는 반전도 있어 크게 웃으며 읽었습니다. 학생들도 이 작품을 좋아해서 2019년에는 책날개 도서에 『다다다 다른 별 학교』를 추천한 적이 있었습니다. 『다다다 다른 별 학교』는 2018년에 세상에 나온 이후 주로 학교에서 인기를 끌고 있습니다. 아무래도 이 책이 학교, 교실을 배경으로 했고 저마다의 개성을 갖고 있는 학생과 선생님을 다룬 작품이기 때문일 겁니다. 저는 『다다다 다른 별 학교』를 보면 10여 년 전에 유행했던 한 노래가 떠올랐습니다. '어느 별에서 왔니? 내 맘 가지러 왔니?'라는 가사의 브라운 아이드 걸스의 노래 'My style'입니다. 그래서 저는 이 그림책을 읽으며 학생들과 '어느 별에서 왔니?'를 떠올려 봤답니다.

면지에서 엿본 이야기

『다다다 다른 별 학교』라는 제목을 처음 들었을 때 어떤 생각이

● 어린이들은 선생님을 '몬스터'에 비유하기도 합니다. 그래서 『선생님은 몬스터』(사계절) 같은 그림책이 탄생할 수 있었겠지요?

드십니까? 처음 이 그림책을 만났을 때 제목이 재미있어 끌렸습니다. 저는 '다다다'가 의성어로 들려 '어디를 뛰어가나?'라는 생각을 했습니다. 나중에 그림책을 펼치고서는 '아, 모두 다르다는 의미에서 썼구나'라고 생각을 고쳤지만 말이죠.

이 작품은 면지가 굉장히 중요한 그림책입니다. 면지가 중요한 그림책이라고 하니 존 버닝햄의 그림책 『지각대장 존』(비룡소)이나 이자벨 미뇨스 마르틴스의 『아무도 지나가지 마!』(그림책공작소)가 떠오릅니다. 그림책에는 면지가 중요한 작품도 있고, 큰 정보가 없는 경우도 많습니다. 이 작품은 작품 내용을 담고 있다는 점에서 존 버닝햄의 주요 작품과 유사하고, 등장인물을 소개하고 있다는 점에서는 『아무도 지나가지 마!』와 공통점이 있습니다.

이 작품의 앞면지는 푸른색 계통으로 어떤 '별에서 온 나'를 소개하고 있습니다. 총 13명의 외계인 같은 '나'가 앞면지를 가득 채우고 있습니다. 그런데 뒷면지에는 문제행동을 담고 있는 '나'가 주황색으로 표현되어 있습니다. 사실 '화를 잘 내는 나'는 '짜증나 별에서 온 나'로, '치우기 싫어하는 나'는 '뒤죽박죽별에서 온 나'로 표현한 것이었습니다. 물론 이 13명의 캐릭터는 각기 다른 사람을 표현했지만, '나'도 꼭 한 가지 모습은 아닐 겁니다. 나 역시 개구쟁이이며, 호기심이 많고, 또 치우기 싫어할 수도 있기 때문입니다.

개성과 나다움

우리 반은 도덕 시간에 자주적인 삶과 개성에 대해 이야기를 나누었습니다. 이 시간에는 '내 삶의 주인은 바로 나'라는 제목으로 △나는 어떤 사람일까? △나에 관한 중요한 사실 △나에 대한 강점-약점 △강점을 발전시키기 위한 노력-약점을 보완하기 위한 노력 알아보기 △지혜로운 판단 등을 배웠습니다. 자기 삶의 주인은 바로 자신이라는 단순한 원리를 담고 있지만, 사실 자주적인 삶을 살고 있냐는 물음에 자신 있게 "네!"라고 답하기는 어렵습니다. 뭔가 부족한 부분이 많은 것 같고, 특별히 뛰어난 부분이 별로 없게 느껴질 수도 있습니다. '나다움'이란 무엇인지 혼란한 부분이 크기 때문일 겁니다.

초등학교 도덕 시간에는 나다움, 그러니까 개성에 대해 알아보기 차시가 있습니다. 그래서 우리 반은 도덕 시간에 그림책 『다다다 다른 별 학교』를 펼쳤습니다. 보통 저는 모둠별 읽기를 좋아하는데, 이번에는 각 모둠별로 읽는 대신 제가 그림책을 낭독해 줬습니다. 그림책 낭독은 각자 그림책을 읽는 것보다 그림은 자세히 볼 수 없지만 제가 읽어 주는 이야기에 집중하는 효과가 있습니다. 우리는 본격적으로 그림책을 읽기 전에 우선 앞면지에 등장하는 △짜증나 별에서 온 나 △숨바꼭질 별에서 온 나 △뒤죽박죽 별에서 온 나 △두근두근 별에서 온 나 등 13개 별에서 온 '나'를 예측하는 활동을 해 봤습니다. 도대체 뒤죽박죽 별에서 온 '나'는 누구일까요? 이런 상상의 나래를 펼친 후 그림책을 읽으니 학생들이 아무래도 이야기에 더 집중했습니다. 저는 『다다다 다른 별 학교』가 가진 장면의 특성을 살려 그림책 낭독을 시작했습니다. 우리 반 6학년 독자들이 좋아한 부분은 내용이 웃긴 별에서 제가 재미를 살려 낭독하는 것이었습니다.

때로는 이런 낭독이 그림책의 묘미를 더 잘 살려 주는 효과도 있다는 것을 확인하는 시간이었습니다.

손바닥 자기소개

손바닥 자기소개는 말 그대로 손바닥 모양을 그린 후 자신을 소개하는 활동입니다. 자신의 손바닥 윤곽에 따라 손바닥 그림을 그리는 것에서부터 시작합니다. 그 후 각 손가락마다 다른 내용을 써넣고, 손바닥을 꾸미면 됩니다.

엄지에는 자신이 듣고 싶은 별명을, 검지는 자신의 장점을, 중지는 보완할 점을 씁니다. 약지는 자신의 꿈을, 그리고 마지막 새끼손가락은 앞서 이야기한 것을 종합하여 꿈을 이루기 위해 해야 할 노력을 적습니다. 이렇게 손바닥 자기소개 활동을 한 후, 다른 사람 앞에서 자신에 대해 말로 소개하는 것도 중요합니다. 이 과정을 통해 '아하, 이 친구는 나랑 이런 점에서 다르구나.' 또는 '이 친구의 꿈은 이렇구나!'라는 생각을 할 수 있을 겁니다. 여러 명의 손바닥 자기소

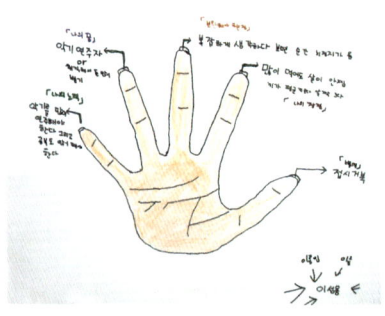
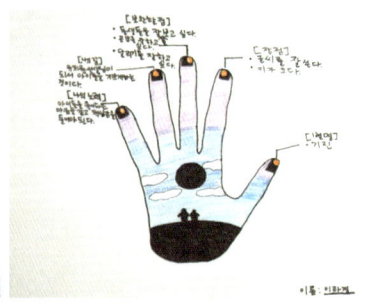

개 그림을 게시판에 붙여 놓으면 개성이 잘 드러납니다. 여러 편의 작품 중에 비슷한 그림은 하나도 없습니다. 열 명의 학생에게는 열 개의 우주가 있다더니, 손바닥 자기소개 작품을 보면 그 말이 실감 납니다.

만다라트로 책 내용 정리하기

우리 반은 『다다다 다른 별 학교』 내용을 정리할 때 만다라트를 사용했습니다. 분량이 많지 않은 그림책 내용을 정리할 때는 다른 방법을 많이 사용합니다. 앞서, 저는 그림책 줄거리 소개 방법으로 △말로 소개하기 △낱말로 소개하기 △그림으로 소개하기 등의 방법을 안내했습니다. 낱말로 소개할 때는 핵심 낱말 몇 가지를 골라 소개하는 방법, 연꽃발상기법, 만다라트 등을 자주 적용합니다. 그림책은 글과 그림의 양이 많지 않으므로 핵심 낱말로 소개하기, 연꽃발상기법을 이용할 때가 많습니다.

그런데 『다다다 다른 별 학교』는 글밥도 어느 정도 되지만, 그림 속의 숨은 이야기들이 많았습니다. 등장인물도 교사까지 포함해 총 14명이나 됩니다. 그래서 보통 그림책 내용을 정리할 때 사용하는 연꽃발상기법 대신 계획을 세우거나 이야기책 내용을 정리할 때 사용하는 만다라트를 적용해 보았습니다. 만다라트는 1개의 대주제, 8개의 소주제, 그리고 64개의 세부 내용을 채우는 정리 방법으로 1980년대 후반 일본에서 개발되었습니다. 만다라트가 가능하다는 건 『다다다 다른 별 학교』는 다양한 이야기, 상당한 내용이 담겨 있다는 걸 의미한답니다.

자신만의 별 만들기

『다다다 다른 별 학교』에는 현실을 반영한 여러 가지 별이 나옵니다. '눈물나 별에서 온 나'는 눈물이 많은 친구를 상징할 겁니다. '아맛나 별에서 온 나'는 음식이 너무 맛있어 끊임없이 입에 음식이 들어가는 친구를 상징했고, '반듯반듯 별에서 온 나'는 모범생을 재미있게 표현했습니다. 이런 별이 열세 개나 되니 각자의 특성에 맞게 별을 연결할 수 있습니다. '나에게 가까운 별은 무엇일까?', '○○는 저 별에서 온 것 같아.'라는 상상이 이 작품에 몰입하게 만드는 원동력일 겁니다.

우리 반은 『다다다 다른 별 학교』을 다 읽고 조금 더 상상력을 확장해 봤습니다. 이 작품에는 나오지 않는 '자신만의 별 만들기' 활동을 해 본 겁니다. 그림책 작가를 꿈꾸는 유진이는 '그림별', 엉뚱하고 창의적인 재호는 '별난별', 새 휴대전화에 관심이 많은 찬현이는 '최신형별'에서 왔다고 정했습니다. 서영이는 '달콤달콤별', 휴대전화 게임에 몰입하는 수현이는 '게임별', 그리고 예은이는 '공부하는별'에서 왔다고 합니다. 마지막으로 우직한 성용이는 '마이웨이별', 이름에 '별'이 들어가는 노별은 '날아날아별', 그리고 반짝이는 생각이 돋보이는 도연이는 '별의별'에서 왔다고 말했습니다.

담임교사인 제게도 '자신만의 별' 이름을 붙여 달라고 했더니 학생들은 '개그별', '소림사별', '고봉별' 등을 추천해 주었습니다. 개그

별은 제가 개그 본능이 너무 많아 교사를 그만두면 개그계로 진출해 보라는 학생들의 바람이 녹아 있는 별이름입니다. '소림사별'은 '장풍을 쏠 수 있다.'고 한 제 농담에서, '고봉별'은 고봉을 붙이면 뭐든 최고급이 되는 것 때문에 이름이 붙었습니다.

패러디 그림책 만들기

그림책을 읽고 나만의 별을 정한 후, 우리는 별 이름에 맞는 그림책 이야기를 모아 그림책을 만들기로 했습니다. 우리는 우선 자신의 별 이름에 맞는 그림과 글을 구상해서 한 장의 그림책을 썼습니다. 여덟 명의 학생이 자신에 맞는 글과 그림을 넣었고, 두 명은 '고봉별'과 '개그별'을 더 만들었습니다. 그렇게 해서 총 10장으로 된 패러디 그림책이 탄생했습니다.

각자의 개성에 맞게 글과 그림을 그려 넣되,『다다다 다른 별 학교』와 같은 그림책이 될 수 있도록 글은 일관성을 유지했습니다. 원작인『다다다 다른 별 학교』와 같은 구조를 가지면서도 조금 다른 이야기가 담긴 패러디 그림책 〈다다다 다른 별 교실〉이 탄생한 겁니다. 핸드 메이드 그림책으로, 세계에 하나밖에 없는 작품이지요.

그림과 이야기 순서는 학생 이름의 가나다순으로 할 수도 있었지만, 그림책 흐름을 고려하여 학생들이 합의하여 정했습니다. 책 표지도 다시 만들었는데, 두 명이 힘을 합쳐 총 네 작품 중 한 편을 골랐습니다. 그리고 원작 그림책을 읽을 때처럼 제가『다다다 다른 별 교실』을 학생들에게 낭독해 주었답니다.

나는 무엇일까요?

『다다다 다른 별 학교』를 읽은 후 우리 반에서 마지막으로 나눈 활동은 '빈칸 채우기'였습니다. 제가 준비한 빈칸 채우기 활동지에는 '나는 [   ]입니다. 왜냐하면 ~이기 때문입니다.'라는 문장이 담겨 있었습니다. 이 활동은 비유적인 표현을 한 후 이유를 설명하는 방법으로 이뤄집니다. 일단 빈 칸에 은유적인 내용을 써넣고, 그렇게 생각한 이유를 아래에 쓰면 됩니다. 서영이는 "나는 나무입니다. 왜냐하면 앞으로 몸과 마음이 쑥쑥 클 것이기 때문입니다."라고 썼고, 유진이는 "나는 새싹입니다. 왜냐하면 꿈과 희망이 쑥쑥 자라기 때문입니다."라고 적었습니다. 제가 가장 기억에 남는 것은 도마뱀을 떠올린 도연이었습니다. 도연이는 "나는 도마뱀입니다. 왜냐하면 꼬리가 잘려도 다시 자라는 도마뱀처럼 저도 시련이 닥쳐도 다시 일어설

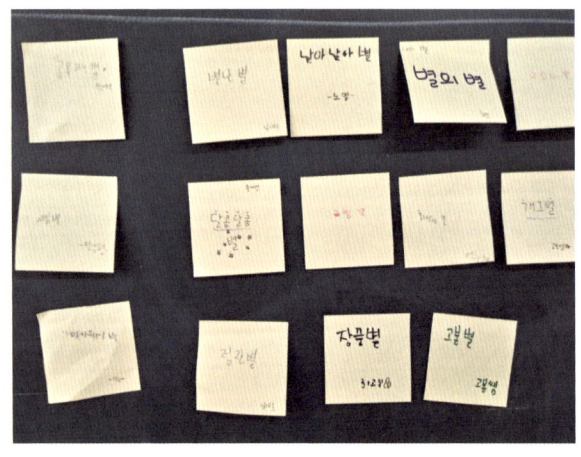

자신만의 별 상상해 만들기

것이기 때문입니다."라고 썼습니다.

  이렇게 개성 넘치는 학생들을 만나서 기쁩니다. 개성이 없다는 것은 나다움이 없다는 것입니다. 사람에게는 저마다의 우주가 있듯, 시간이 가면서 개성을 조화롭게 갖추는 것이 중요합니다. 개성을 이야기하는 그림책, 『다다다 다른 별 학교』를 친구와 함께 읽어 보면 어떨까요?

상상의 세계로
떠나는 모험

'여행 3부작'의 출발지 『머나먼 여행』

    그림책의 출발은 어린이와 글자를 모르는 사람을 위한 책이었습니다. 아직도 그림책을 어린이나 유아의 하위 갈래로 분류하는 것도 그런 이유 때문입니다. 그러나 요즈음은 그림책을 0세부터 100세까지 읽는 책이라고 설명합니다. 그래서 최근에는 그림책을 어린이책이라고 규정하지 않는 경우도 많습니다. 이제는 어른을 위한 그림책도 있고, 폭넓은 독자를 고려한 작품도 많이 나왔습니다. 내용에 따른 그림책의 세부 갈래도 참 다양합니다. 전통적으로 '옛이야기 그림책'을 처음 읽는 경우가 많습니다. 현대적인 이야기를 다루고 있는

『**머나먼 여행**』 에런 베커 지음. 웅진주니어

'이야기 그림책', 시와 그림책의 아름다운 결합인 '시 그림책', 정보와 스토리텔링이 담긴 '정보 그림책', 환상의 세계를 탐험하는 '판타지 그림책', 그리고 유명한 원작을 비트는 '패러디 그림책' 등이 모두 그림책의 세부 갈래입니다.

　이번에는 그림책의 세부 갈래 중 판타지 그림책에 대한 이야기를 해 보려 합니다. 판타지 그림책은 한국에서 오랫동안 '어린아이가 보는 책' 취급을 받았습니다. 이런 분위기 아래에서 판타지 그림책을 개척한 미국의 그림책 작가 모리스 샌닥조차도 한국에서 인정받는 것은 쉽지 않았습니다. 2세대 판타지 그림책 작가인 데이비드 위즈너는 글이 없거나 거의 없는 '사일런트 북'을 선보여 한국에서는 충격적으로 받아들였습니다. 그렇지만 그의 그림책이 교과서에 수록되기까지는 한참이 더 지나야 했습니다. 그 사이에 한국에서는 백희나 작가의 『구름빵』이 크게 성공하여 판타지 그림책이 재평가를 받게 됩니다. 『구름빵』은 전집에서 단행본으로 그림책의 중심이 넘어가는 시기에 등장했습니다. 이러한 노력과 세계적인 흐름으로 인해, 또한 한국 그림책의 발전에 따라 판타지 그림책도 중요한 예술 장르로 자리 잡게 되었지요.

　요즈음 가장 높은 인기를 끄는 판타지 그림책 작가가 누구일까요? 한국에서는 백희나 작가를 꼽을 수 있습니다. 외국 작가 중에는 당연히 모리스 샌닥과 데이비드 위즈너가 유명합니다. 오늘 소개할 작품을 쓴 에런 베커는 '여행 3부작'으로 최근 각광받는 미국 그림책 작가입니다. 그 출발점은 당연히 첫 작품이자 작품의 상징인 『머나먼 여행』입니다. 사람들은 에런 베커의 『머나먼 여행』, 『비밀의 문』, 『끝없는 여행』(이상 웅진주니어) 등 세 작품을 묶어 '여행 3부작'이라 부릅니다. '여행 3부작'의 두 번째 작품인 『비밀의 문』 표지는 2015 개정 초등학교 3학년 국어 교과서에도 수록되어 있습니다. 판타지 그림책이 소외받던 것이 몇십 년 전인데, 지금은 교과서에도 판타지 그림책이 여러 편 수록되어 있는 걸 보니 격세지감을 느낍니다.

에런 베커의 그림책

에런 베커를 떠올리면 연관 검색어처럼 따라오는 작품이 바로 그림책 『머나먼 여행』입니다. 에런 베커는 이 작품으로 2014년 칼데콧 명예상을 받으며 세계적으로 주목받는 그림책 작가가 되었습니다. 저는 내촌초 6학년 학생들과는 '여행 3부작'의 출발지인 『머나먼 여행』을 함께 읽고 여러 차례 그림책 독서 수업을 진행했습니다. 학생들은 이 작품을 한 번 봤을 때는 '이게 무슨 이야기야?'라고 생각했지만, 몇 번을 다시 본 후에는 이 시리즈를 굉장히 좋아했습니다. 방대한 세계관과 롤플레잉 게임처럼 느껴지는 시점이 대부분의 독자를 매료시켰습니다. 무엇보다 글자가 없어 영어권이든 동아시아든 지역에 상관없이 그 분위기를 생생하게 느낄 수 있다는 것도 큰 매력으로 다가왔습니다.

에런 베커의 그림책 중 초기 네 작품은 모두 글이 없습니다. 여기서 초기 네 작품이란 '여행 3부작'과 『사샤의 돌』(웅진주니어)입니다. 그중에서도 '여행 3부작'은 미국 그림책답지 않게 굉장히 동양적인 그림을 담고 있습니다. 저는 에런 베커가 동양, 그중에서도 일본에서 산 경험이 크게 영향을 끼친 것이 아닐까 추측하고 있습니다. 이 네 작품 다음으로 한국에 소개된 『당신은 빛나고 있어요』(웅진주니어)는 에런 베커의 작품 중 처음으로 글이 들어간 그림책입니다. 이 작품은 독특한 제작 방법과 읽기로 사람들의 시선을 끌고 있습니다.

    에런 베커의 초기 작품은 판타지 그림책에다 글자 없는 그림책이기 때문에 어린이 독자의 접근이 쉽지 않습니다. 『머나먼 여행』도 글자가 없어서, 그림을 보면서 제가 이야기를 해 주었습니다. 이 상황은 어쩌면 '그림을 읽는다'는 표현이 맞을 것도 같습니다. 사실 우리 반 학생들은 2부인 『비밀의 문』을 먼저 접했습니다. 그림책 독서 토론 행사에 갔을 때 주제도서로 나온 것이 바로 『비밀의 문』이었기 때문입니다. 그래서 학생들은 그 전편인 『머나먼 여행』을 보고 나서 어려운 퍼즐을 맞춘 것 같이 즐거운 표정을 지었습니다. 저는 '다음에 3부인 『끝없는 여행』까지 완독하고 깊이 있는 이야기를 나누면 어떨까?' 하는 생각을 해 봤습니다. 그리고 실제로 '여행 3부작'은 물론 『사샤의 돌』, 그리고 『당신은 빛나고 있어요』까지 소개하는 시간을 가졌습니다.

핵심 낱말을 찾아서

    글 없는 그림책이 어려운 것은 스토리텔링에 따라 내용이 다르고, 작품 해석에서 그림이 너무 중요하다는 사실 때문입니다. 저는 『머나먼 여행』을 학생들에게 읽어 주고, 각자 핵심 낱말 다섯 개를 포스트잇에 쓰게 해 봤습니다. 그리고 아홉 명의 학생들이 선정한 핵심 낱말을 통계를 내서 '우리 반이 정한 핵심 낱말' 다섯 개를 선정했습니다. 각자 고른 핵심 낱말의 빈도수를 계산하여 가장 많이 나온 낱말 다섯 개를 정하는 방식이었습니다. 내촌초 6학년 학생들이 고른 핵심 낱말은 △여자아이 △보랏빛 새 △분필 △남자아이 △보랏빛 문이었습니다. 물론 이 핵심 낱말은 내촌초 학생들의 취향이자 판단으로, 다른 독자들이 하면 또 다르게 나올 수 있을 것입니다.

　이렇게 고른 핵심 낱말을 활용하여 감상문이나 이야기를 간추리는 '핵심 낱말 한 줄 글쓰기'를 해 봤습니다. 이번 '핵심 낱말 한 줄 글쓰기'는 다섯 명을 한 모둠으로 묶고, 각자 핵심 낱말 하나가 들어가는 한 문장을 쓴 후 문장 순서만 조정해 글을 만드는 방식으로 활동했습니다. 학생들은 '핵심 낱말 한 줄 글쓰기'를 한 후 "아하, 이렇게 하니 작품 줄거리가 이해가 되네요!"라며 신기해합니다.

<머나먼 분필 여행>
여자아이는 분필로 그림그리기를 좋아한다.
여자아이는 아무도 자신과 놀아 주지 않아 심심했다.
보랏빛 새는 문까지 안내해 줬다.
보랏빛 문을 열고 가니 도시로 돌아왔다.
남자아이는 보랏빛 분필을 갖고 있었다.
― 안수현, 이성용, 송서영, 서유진, 박예은

<분필의 문>

어느 날 여자아이는 분필을 찾았다.

심심했던 아이는 분필을 가지고 낙서를 하기 시작했다.

새장에 갇힌 여자아이를 보랏빛 새가 구해줬다.

보랏빛 문을 열고 나오니 새로운 세계가 펼쳐졌다.

새를 따라간 곳 그곳에는 보라색 분필을 든 남자아이가 있다.

― 김도연, 노별, 심재호, 엄찬현, 최고봉

피라미드 토론으로 여행지 선택하기

여행 3부작은 말 그대로 여행, 모험을 하는 내용을 담고 있습니다. 독자는 주인공과 함께-때로는 주인공이 되어-여행, 모험을 따라가면서 손에 땀을 쥐는 재미를 느끼게 됩니다. 대부분의 사람은 여행에 대한 환상을 갖고 있는 것 같습니다. 저 역시 가 보지 못한 세상에 대한 환상을 품고 조금씩 그 꿈을 실현해 나가고 있습니다.

그래서 저는 한 줄 글쓰기를 한 후 여행에 대한 이야기를 나눠 봤습니다. '내가 가 보고 싶은 여행지 3곳'을 정하는 활동을 피라미드 토론으로 해 봤답니다. 저는 "'내가 가 보고 싶은 여행지 3곳'을 정할 때에 꼭 우리 주변에 있는 곳이 아니라 환상의 세계를 써도 된다."고 이야기해 주었습니다. 왜냐하면, 이 그림책은 상상력에 날개를 다는 판타지 그림책이니까 말이죠. 학생들은 저마다 세 곳의 여행지를 포스트잇에 쓴 후 1:1로 토론을 했습니다.

피라미드 토론 방법은 간단합니다. 두 토론자는 총 여섯 개의 여행지를 썼는데, 두 사람은 세 곳의 여행지만 골라야 합니다. 그리고 나머지 세 곳은 포기하고 사회자에게 쓴 종이를 넘겨야 합니다. 1:1 토론을 마친 후에는 2:2로 토론을 하고, 규모가 크다면 4:4 토론까지 진행해야 합니다. 물론, 내촌초는 규모가 작은 학교라 2:2 토론까지 진행하면 그 결과를 다른 사람에게 나눠 줄 수 있었습니다.

2:2 토론까지 마친 우리는 모두 모여 토론 결과를 나눈 후 스티커 투표로 최종 세 곳의 여행지를 골랐습니다. 스티커는 네 장을 주어 자신들이 선택한 곳 이외에도 한 군데를 더 선택하게 했습니다. 이런 방법으로 내촌초 학생들이 고른 '내가 가 보고 싶은 여행지'는 바로 △그림으로 그린 것이 현실이 될 수 있는 세상 △모두가 행복하고 웃을 줄 아는 세상 △모두가 평등한 세상이었습니다. 이런 결과가 나온 건 아무래도 『머나먼 여행』을 읽었기 때문이 아니었을까요?

새로운 이야기

그림책의 정의에는 여러 가지가 있지만, 공통적으로 드러나는 것은 바로 그림책에서는 그림이 글보다 중요하다는 사실입니다. 그래서 우리는 그림책을 읽을 때 그림을 더 깊고 넓게 읽을 필요가 있습니다. 그림 6장을 골라 이야기를 다시 만드는 활동은 그림책 독서 토론의 묘미입니다. 그림책은 그림으로 많은 것을 이야기하는데, 글자 없는 그림책은 새로운 이야기를 만들기에 아주 좋습니다. 학생들은 10장의 그림 중에 6장의 그림을 고른 후 순서도 바꿔 새 작품을 만들었습니다. 우리 반 학생들은 〈줄리와 데이비드〉, 〈신기한 모험〉 그리고 〈삐삐를 찾아서〉라는 작품을 만들었는데, 그림책으로서도 손색이 없었답니다.

언젠가, 우리 반은 그림책을 읽고 보드게임을 만든 적이 있었습니다. 두 명, 세 명이 짝을 지어 그림책을 읽고 그 내용을 반영한 보드게임을 만드는 것이 과제였습니다. 유진이와 재호는 『머나먼 여행』을 집어 들었습니다. 여러 번 읽은 그 그림책을 다시 재미있게 읽더니 보드게임으로 만들기 시작했습니다. 한참을 쿵짝거리고 만든 보드게임의 제목은 바로 '머나먼 마블'이었습니다. '머나먼 마블' 규칙은 굉장히 간단합니다. 이 보드게임은 주사위형 게임으로, 출발 지점을 떠난 말이 도착 지점에 먼저 도착하면 이기는 놀이입니다. 그런데 그 여행 코스가 『머나먼 여행』을 읽고 퀴즈를 푸는 등 그림책 내용을 알아야만 하는 것이었습니다. 그림책을 읽고 보드게임을 완성하는 데 걸린 시간은 총 2시간. 보드게임 규칙이 잘 녹아 있고, 디자인적으로도 굉장히 뛰어났으며, 무엇보다 그림책 내용을 잘 반영하고 있어 저는 참 재미있었습니다.

글자 없는 그림책의 묘미

글자가 없는 그림책을 처음 본 독자는 당황하는 경우가 있습니다. '이거 만화 아니야?' 하는 물음부터, '도대체 왜 글자를 하나도 넣지 않은 거야?'라는 혼란함이 머리를 스쳐 지나갑니다. 『머나먼 여행』처럼 글자가 없는 책을 '사일런트 북'silent book이라 부릅니다. 여기서 '사일런트'는 영어 등의 철자에서 발음하지 않는 '묵음'을 가리킵니다. 그러니까 '사일런트 북'은 소리 내어 읽지 않는 책, 글자가 없는 책이란 뜻입니다. 그러나 저는 '글자 없는 그림책'이 매우 수다스러운 그림책이라 여깁니다. 글자 없는 그림책은 글자 대신 그림을 통해 끊임없이 이야기를 상상해서 스토리텔링을 해야 되는 작품이기 때문입니다.

글자 없는 그림책의 가장 큰 장점은 글자를 몰라도 읽을 수 있다는 것입니다. 아직 글자를 모르는 유치원 또래의 아이들도 글자 없는 그림책을 충분히 읽을 수 있습니다. 또 글자 없는 그림책을 읽을 때는 문자가 아니라 그림에 집중할 수도 있습니다. 어쩌면 '활자 중독인 시대'를 살고 있는 우리에게 글자 없는 그림책이 더 중요해졌을지도 모릅니다.

글자 없는 그림책으로 그림책 독서 토론을 하면 스토리텔링 실력이 쌓이고 상상력도 풍부해집니다. 그림만 보고 이야기를 만들고, 해석해야 하니 다른 사람과 재미있는 수다를 떨기에 좋습니다. 물론

핵심 낱말 한 줄 글쓰기로 나눈 '그림책 독서감상문'

이런 그림책은 상상력이 좋고 스토리텔링 능력이 높은 독자들일수록 재미를 많이 느낍니다. 분량이 적은 그림책은 아무래도 글자가 가득한 작품보다 공백이 많습니다. 글과 글 사이, 그림과 그림 사이, 그리고 글과 그림 사이에 있는 공백은 독자의 상상력을 자극합니다. 텔레비전 영상보다 라디오, 소설이 사람의 상상력을 더 많이 자극하는 것과 같은 이치입니다. 상상력이 절실히 필요한 오늘은 에런 베커의 그림책, 그중에서도 '여행 3부작'을 만나 보면 어떨까요?

이상한 집이 만든
유쾌한 상상력

『이상한 집』과 의외성

한국은 책의 나라입니다. 역사적으로도 다양한 책이 등장했고, 지금도 수많은 책이 출판되고 있습니다. 한국에는 책 관련 행사나 프로그램이 상당히 많습니다. 저는 매년 서울국제도서전, 대한민국 독서대전에 참가하기 위해 노력합니다. 책과 출판계 동향을 파악할 수 있고 좋은 작가님을 만날 수 있는 기회이기 때문입니다. 사실 어린이책과 그림책은 작품 활동이 쉽지 않은 영역입니다. 독자와 구매자가 일치하지 않는 경우가 많고 공공도서관과 학교에서 책을 단체로 수서하는 경우가 늘고 있기 때문입니다. 어려운 조건에서도 다행

『**이상한 집**』 이지현 지음, 이야기꽃

히 최근 한국 창작 그림책은 계속 성장하고 있습니다.

저는 한국 창작 그림책이 지금까지 성장할 수 있었던 동력 중에는 북스타트Book start 프로젝트가 있었다고 생각합니다. 어릴 때부터 독자와 책을 친하게 만들자, 부모가 좋은 책 안내자가 되어야 한다는 이 프로젝트는 국내 창작 그림책을 알리고 확산하는 데 큰 힘이 되었습니다. 초기에는 공적 자원의 지원으로 상당히 많은 학교와 도서관에서 북스타트에 참여했습니다. 지금도 상당수 도서관과 입학생이 많지 않은 유치원, 초등학교에서는 북스타트 책꾸러미를 선물로 전달하는 경우가 꽤 있습니다. 북스타트는 영아, 유아, 그리고 어린이 등 연령대별로 선정하고 있습니다. 저는 2019년 어린이 북스타트 '책날개' 도서 선정 위원으로 활동을 한 바 있습니다. 이번에 이야기를 나눌 이지현 작가의 『이상한 집』도 그때 만난 작품 중 한 편입니다. 당시 북스타트 선정을 위한 협의에서도 이 작품의 뛰어난 상상력에 대해 선정위원들이 좋은 평가를 했었습니다.

유쾌한 상상력

『이상한 집』은 그림책을 한 장 한 장 넘길 때마다 기대가 되는 작품입니다. 다음 장에는 어떤 이상한 집이 나올까 궁금증이 생겨납니다. 이지현 작가의 그림책 『이상한 집』은 집이라는 건축물이 얼마나 이상해질 수 있을지 도전합니다. 기존의 상식으로는 도저히 나올 수 없는 건물이 나타나는 의외성이 돋보입니다. 도대체 뭐가 그렇게 집이 이상하기에 책 제목이 '이상한 집'일까요?

사실 이 책에 등장하는 대부분의 집은 우리가 상상하는 그런 집이 아닙니다. 어쩌면 건축학적인 측면에서는 집이라고 말하기 어려운 집도 있습니다. 심지어 이 작품은 글도 아주 적고 간결해서 독자는 그림에 빠져들어야 제대로 그림책을 만날 수 있습니다. 저는 이 책을 펼치면서 '이 책은 독자에게 최대한의 상상력을 요구하는 것이 아닐까?' 하는 느낌을 받았습니다. 그래서 이 책을 읽는 학생 독자가 집을 소재로 유쾌한 상상을 하면 좋겠다고 생각했습니다. 『이상한 집』을 읽고 독자의 말랑말랑한 상상력은 어떻게 발현할 수 있을까요?

저는 내촌초 6학년 학생들과 여러 번 『이상한 집』을 읽었습니다. 처음 이 책을 읽은 것은 2018년 말입니다. 당시에는 2019 어린이 북스타트 도서 선정을 해야 했기에 주로 그림책의 재미와 작품성에 집중했습니다. 그리고 이듬해에 새로운 6학년 학생들과 이 작품을 다시 읽으며 상상력에 주목할 수 있었습니다. 저는 학생들과 ①책 제목 예측하기 ②책 내용 예측해 함께 쓰기 ③이상한 집 이름 붙이기 ④이상한 집에 사는 사람 상상하기 ⑤그림책 함께 읽기 ⑥내가 살고 싶은 이상한 집 상상하기 ⑦쪽지 감상문 쓰기의 순서로 그림책을 함께 읽었습니다. 처음에는 그림책을 펼치지 못하게 하고 상상력을 자극한 후 천천히 그림책을 음미해 나갈 수 있었습니다. 다른 그림책 수업과 달리 이 책은 독서 전 활동이 풍성하면 좋겠다고 생각했습니다. 책을 읽기 전에 상상력을 최대한 발휘하고, 이야기를 떠올리며 예측하는 활동은 그림책 읽기의 재미를 높이기 때문입니다.

상상의 첫 단계, 제목을 맞춰라!

그림책에서 상상력을 처음 발휘하는 단계가 무엇일까요? 저는 그림책 표지를 만날 때라고 생각합니다. 요즈음에는 독자의 궁금증을 유발하기 위해 글자로 책 제목을 드러내지 않는 경우도 있습니다. 예를 들어, 오세나 작가의 그림책『지우개』(반달)가 그럴 겁니다. 이 작품은 앞표지에 글자는 없고 덩그러니 그림만 하나 있습니다. 이런 작품을 처음 보는 독자는 '어, 이상하다. 도대체 제목이 뭐야?'라는 생각을 하게 될 겁니다.

저는『이상한 집』도 그럴 수 있다고 생각했습니다. 그래서 가장 먼저 도전한 활동이 바로 '책 제목 예측하기'였습니다. '책 제목 예측하기'는 그림책 표지에서 제목을 지우고 예측하는 활동입니다. 그런데『이상한 집』은 제목이 이미 표지에 나와 있습니다. 그래서 편집 프로그램을 이용해 앞표지에서 '이상한 집'이라는 글자를 삭제하고 제목이 무엇일지 이야기를 나눴습니다. 책 제목이 사라진 앞표지를 관찰한 후 모둠별로 책 제목을 예상해서 세 가지를 써 보도록 했습니다. 〈다우니 모둠〉은 이 그림책 제목으로 '세상이 거꾸로 된다면', '기울어진 세상', 그리고 '거꾸로 된 집'을 예측했습니다. 〈퀘스천 모둠〉은 '거꾸로 집', '모든 게 거꾸로', '이상한 집'을 예상했고, 〈피존스 모둠〉은 '이상한 집'과 '거꾸로 집'을 떠올렸습니다. 책 제목을 전혀 모르는 상태에서도 그림책 표지에 실린 그림만 보고도 책 제목을 맞출 수 있는 건 바로 예측의 힘이 아닐까 싶었습니다.

이번에는『이상한 집』표지를 다시 살펴봅시다. 사실『이상한 집』

앞표지에 나오는 '이상한 집'이라는 제목은 바르지 않습니다. '집'이라는 글자가 뒤집어 있습니다. 그런데 많은 독자, 그 중에서도 성인 독자는 그 사실을 못 보고 그냥 정상적인 제목인 줄 알고 넘겨 버립니다. 사람은 반복적인 패턴에 익숙해서 의외의 제목 배치를 했을 거라는 생각을 못 하는 경우도 많습니다. 돌아보면 사람의 눈은 그렇게 속임수에 잘 넘어가기도 합니다. 그런데 이번에는 그 사실을 알고 책 제목을 다시 보니 뒤집어진 글씨가 눈에 잘 들어옵니다. 이렇게 사람에게 의외의 재미를 선사하는 것이 이 작품의 매력이 아닐까 싶습니다.

책 내용 예측해 함께 쓰기

그림책의 가장 큰 매력은 상상력에 있는 것이 아닐까요? 특히 『이상한 집』처럼 상상력이 돋보이는 그림책이라면 매력은 더욱 커질 겁니다. 『이상한 집』을 아직 펼치기 전, 저는 뒤표지에 실린 글의 한 문장을 제시하고 이야기를 상상해 함께 쓰기를 제안했습니다. 제가 제시한 첫 문장은 "이상한 집들이 있었어요."였습니다. 내촌초 6학년 학생들은 세 모둠으로 나뉘어 한참 수다를 떨면서 각자의 개성이 녹아 있는 글을 내놓았습니다. 그중 노별, 송서영 두 학생이 협력해 쓴 글을 소개해 보겠습니다.

"이상한 집들이 있어요. 그중에서 가장 눈에 띄는 이층집은 거꾸로 되어 있었죠. 다른 한 집은 과자 집이 되었고, 또 다른 한 집은 하늘 위에 둥둥 떠다니는 집이었어요. 이게 어떻게 된 거냐고요? 사실 거꾸로 이층집에 사는 한 청년 하늘이가 어떤 동굴로 탐험을 떠났는데, 거기서 호기심에 주문을 외웠어요. 그 주문은 바로 '샤랄라 샬라, 모든 게 이상해져라!'였어요. 이 소문을 들은 주인아줌마, 아저씨, 개 등 모두가 난감해하고 강아지는 '멍멍' 짖으며 한동안 난리도 아니었어요. 하늘이는 미안한 마음에 사람들을 불러 사과를 했어요. 하지만 몇몇 사람들은 사과를 무시했죠. 다행히 이 이상한 집이 있다는 게 신기해서 사과를 받아 주었어요. 왜냐고요? 한 달만 있으면 다시 원상태가 되거든요!"

— 노별, 송서영

두 학생의 글에는 거꾸로 이층집, 과자로 된 집, 하늘 위에 둥둥 떠다니는 집 등 상상의 집이 등장합니다. 이 집은 '모든 게 이상해져라!'라는 주문 때문에 생긴 것이었습니다. 주문은 정말 압권입니다. 한 달 동안은 계속 이상한 상태로 머무르는 주문이라니 정말 재미있습니다. 물론 저같이 장난꾸러기에게는 재미있고, 평범한 것을 좋아하는 사람에게는 악몽 같은 시간이겠지만 말입니다. 저는 노별, 송서영 학생의 글을 이지현 작가의 그림책 『이상한 집』만큼이나 재미있게 읽었습니다. 이런 글에서 좋은 창작 그림책도 나올 테니 두 학생이 어른이 되어서도 더 좋은 글을 쓸 수 있기를 응원합니다.

이상한 집과의 만남

'이상한 집 이름 붙이기' 활동에는 그림책에 나오는 집 중 다섯 장면을 활용했습니다. 제목을 지운 것처럼, 그림책의 글은 지우고 적절한 이름을 상상해서 붙여 봤습니다. 〈다우니 모둠〉은 '뒤덮인 집'을 '넝쿨째 굴러온 집'으로, '길쭉한 집'은 '첨성대 집', 그리고 '이상해서 이상한 집'은 '워터파크 집'이라 이름을 붙였습니다. 세 모둠마다 상상력을 발휘해서 이름을 붙였는데 똑같은 이름은 하나도 없었습니다. 이어서 나눈 '이상한 집에 사는 사람 상상하기'에서는 드디어 이상한 집의 정체가 밝혀집니다. 재미있는 건, 그 집에 누가 사는지 상상할 때 의견이 더욱 분분해졌다는 겁니다.

저는 『이상한 집』을 여러 권 가져와 제 속도에 맞춰 학생들에게 작품을 읽어 줬습니다. 아홉 명밖에 안 되는 작은 교실이라 한 권의 그림책으로도 작품을 읽어 줄 수는 있지만, 이 그림책은 그림이 더욱 중요해서 여러 권의 책이 필요했습니다. 중간중간 그림에 집중할 수 있도록 안내하고, 또 퀴즈를 내면서 말이죠. 이 그림책에는 모두 스물세 개의 집이 등장합니다. 책의 안내자인 지팡이 짚은 할머니는 속표지에서 커다란 집으로 들어가 책 끝부분에 코끼리와 함께 집을 나옵니다. 우리는 이 유쾌한 상상을 즐긴 후 내가 살고 싶은 이상한 집을 그려 보고, 쪽지 감상문을 써 봤습니다. 열세 살 어린이 독자의 반응이 어떤지 궁금한가요? 『이상한 집』의 쪽지 감상문 두 편을 소개합니다.

길쭉한 집, 커다란 집, 쪼그만 집, 위태로운 집 등 스물세 개의 집이 나오는데 하나하나 재밌고 집의 특징에 따라 이름을 지은 게 정말 대단한 것 같아요!『이상한 집』후속작으로 '이상한 날씨'도 나오면 정말 재밌고 잘 팔릴 것 같아요. 이지현 작가님, 존경합니다! —송서영

『이상한 집』을 읽고 사람의 창의력은 끝이 없다는 걸 느꼈습니다. 모두 다르고 신기해도 결국은 누군가 사는 소중한 집인 걸 알았을 땐 작가님의 생각이 제 마음에 와닿았습니다. 이 책을 그러려니 하고 읽으면 모를 깊은 뜻이 제겐 충격이자 감격이었습니다. 저도 작가님처럼 대상을 잘 이해하고 배려하는 마음가짐으로 열심히 살고 싶습니다. —이성용

그림책의 상상력

위대한 철학자와 작가들은 날카로운 상상력으로 세상을 바꿨습니다. 가끔은 허무맹랑한 이야기처럼 느껴지기도 하지만 상상이 현실이 될 때도 있습니다. 뉴턴이나 아인슈타인 같은 과학자들은 사유를 통해 놀라운 법칙을 발견했습니다. 그 법칙은 당대의 모습을 크게 바꾸었습니다. 1800년대를 산 쥘 베른의 작품『해저 2만리』,『지구에서 달까지』에는 잠수함과 우주선이 등장합니다. 훗날 이러한 상상은 현실이 되었고 지금은 상식이 되었습니다.

그림책에서 상상력은 곧 작품의 한계에 도전하는 것입니다. 한국

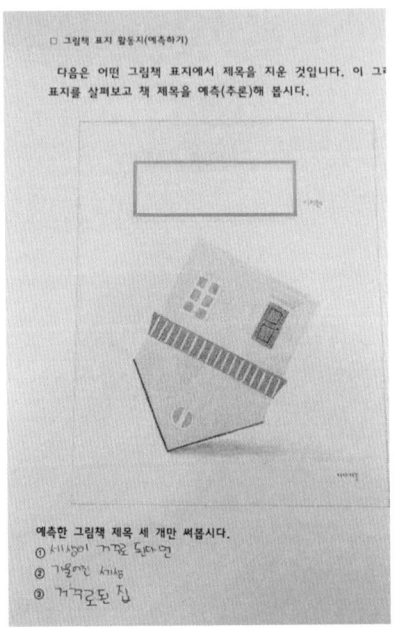

『이상한 집』을 읽고 나눈 쪽지 감상문

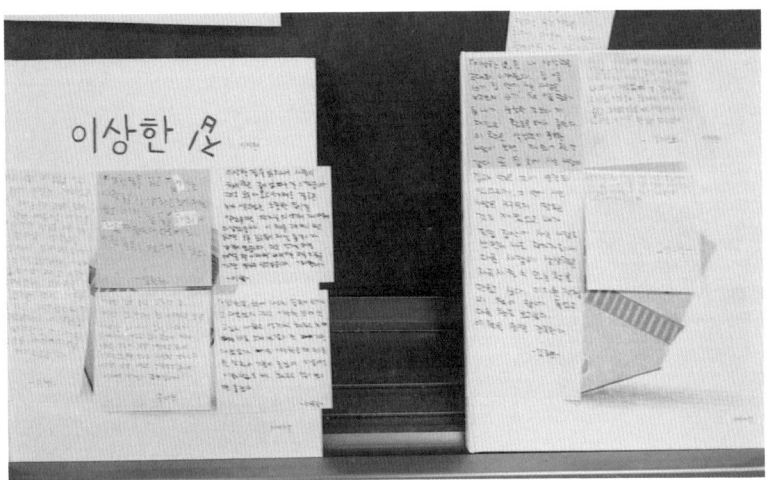

에서만 해도 한 해에 얼마나 많은 그림책이 나오는지 다 읽어 볼 수가 없습니다. 전 세계적으로는 1년에 얼마나 많은 그림책이 나올까요? 그런데 비슷한 이야기가 반복되는 경우를 종종 볼 때가 있습니다. 어쩌면 이것은 자기 복제일 뿐입니다. 그런 상상력으로는 '지금까지와는 다른 그림책'을 만들 수 없습니다.

우리는 주변에서 미술, 건축 등을 소재로 상상력을 발휘한 경우를 어렵지 않게 볼 수 있습니다. 한국에서 특히 인기 있는 그림책 작가 앤서니 브라운은 종종 미술 작품을 패러디했습니다. 『위를 봐요!』(현암사), 『벽』(비룡소), 『3초 다이빙』(스콜라) 등의 작품으로 널리 알려진 정진호 작가는 건축 도면을 그림에 적용해 각광받고 있습니다. 우리는 논리적이지 않더라도 상상할 수 있는 상상력이 조금 더 필요합니다. 누군가는 그것을 '공상'이라고 낮춰 보더라도 우리 스스로는 조금 더 당당해져도 됩니다. 저는 이지현 작가가 그런 날카롭고 예민한 상상력을 갖고 있다고 생각합니다. 이지현 작가는 뻔하지 않은 전개와 의외성으로 독자를 놀라게 하는 매력이 있다고 봅니다. 그림책 작가의 예민한 상상력을 응원하며 오늘은 이지현 작가의 다른 그림책인 『수영장』, 『문』(이상 이야기꽃)도 챙겨 봐야 하겠습니다.

경쟁사회를
다시 생각하며

『3초 다이빙』과 경쟁

 뜨거운 여름이 되면 시원한 수박이나 화채 같은 과일과 얼음을 넣은 음료가 생각납니다. 땡볕에서 뛰어 놀다가 쮸쮸바 같은 아이스크림을 시원하게 먹으면 참 좋겠습니다. 또 어떤 날은 동해 바다를 찾아 해수욕을 하거나 실내 물놀이장에서 첨벙거리고 싶은 마음도 듭니다. 그런데 그렇게 더운 여름날 의외의 인기 장소는 영화관이나 도서관입니다. 저도 가끔은 보기만 해도 시원한 그림책을 펼치고 부채질을 하며 더위를 피하고 싶기도 합니다. 이럴 때 읽으면 좋을 작품 중에 정진호 작가의 그림책 『3초 다이빙』이 있습니다. 사실 이 그

『3초 다이빙』 정진호 글·그림. 스콜라

림책은 꼭 여름 그림책은 아닙니다. 하지만 다이빙대가 있는 수영장이 배경이고, 표지도 시원한 파란색이라 보는 것만으로도 마음이 시원합니다. 더위가 기세를 떨치고 있을 때 읽으면 좋을 것 같습니다.

『3초 다이빙』은 『위를 봐요!』(현암주니어)와 『벽』(비룡소)으로 볼로냐 라가치상을 두 번 수상한 정진호 작가가 2018년에 내놓은 그림책입니다. 저는 정진호 작가의 그림책을 무척 좋아합니다. 일단 건축학을 응용한 그림이 매우 독특하고, 주제도 신선해서 놀라움을 줍니다. 『3초 다이빙』의 주제는 한국에서 인기 있는 것과는 거리가 멀고, 그림도 독창적입니다. 제가 곁에서 본 정진호 작가는 유쾌하면서도 철학적인 깊이가 있습니다. 우승열패와 승자독식의 자본주의 사회에서 이기기 위한 경쟁을 비판한다는 것은 쉽지 않습니다. 그래서 저는 『3초 다이빙』에서 정진호 작가의 그림자를 엿봅니다.

다시 생각하는 경쟁

초등학교 6학년 도덕 교과서에는 '공정'을 공부하는 단원이 있습니다. 공정한 사회를 만들기 위해 무엇을 노력해야 하는지도 공부합니다. 국어사전에 따르면 공정은 '공평하고 올바름'입니다. 그런데 저는 공정이 무엇인지 잘 모르겠습니다. 예전에는 조금 더 선명한 것 같았는데, 생각하면 생각할수록 어떻게 하는 것이 공정한 것인지 흐릿해지는 것 같습니다. 절차적으로 공정하면 과연 공정한 걸까요? 저는 '더 이상 개천에서 용이 나지 않는다.'고 비판하면서 오로지 시험을 통과해서 용이 되라고 이야기하는 것은 모순이 있다고 생각합니다. 노력만으로는 넘을 수 없는 벽이 이미 우리 앞을 가로막고 있기 때문입니다. 그래서 삶의 방향과 속도를 생각했을 때 공정은 더욱 어려운 이야기처럼 느껴집니다.

저는 『3초 다이빙』을 읽기 전에 내촌초 6학년 학생들에게 경쟁에 대한 생각을 물었습니다. '경쟁'이라 하면 무엇이 떠오르냐고 말입니다. 학생들은 달리기를 떠올렸고, 공부를 생각했습니다. 운동과 공부가 경쟁을 대표한다는 것이 한국사회의 보편적인 생각이 아닐까 싶습니다. 그렇다면 경쟁에서 가장 중요한 것은 무엇일까요? 내촌초 6학년 학생들은 경쟁에서 공정성이 가장 중요하다고 말했습니다. 그렇다면 100미터 달리기는 공정할까요? 모두가 출발선에 서서 100미터 앞에 있는 결승선을 향해 달리니 어쩌면 공정할 수 있겠군요. 저는 학생들에게 다시 물었습니다. 토끼와 개미의 100미터 달리기 시합, 다람쥐와 물개의 나무 오르기 시합도 공정하다고 말할 수 있냐고 말입니다. 학생들은 하나같이 '아니오'라고 말을 했습니다.

이렇게 경쟁을 길게 언급한 것은 『3초 다이빙』이 바로 경쟁에 대해 다시 생각하는 그림책이기 때문입니다. "나는 잘하는 게 없는 것 같아."라고 시작하는 이 그림책은 정진호 작가가 주인공이 아닙니다. 정진호 작가는 무척 재치 있고, 업무 처리 속도도 빠르며, 잘하는 것이 무척 많은 사람입니다. 제가 볼 때 정진호 작가는 경쟁은 반드시 승리와 패배를 불러오는데, 자신은 '이기고 싶지 않다.'는 생각을 하고 있는 것 같습니다. 아마도 누군가를 짓밟고 올라서는 것이 행복하지 않기 때문일 겁니다. 인권감수성이 대단히 높고, 사람들이 조화롭게 사는 세상을 지향하는 정진호 작가의 가치가 묻어나는 작품이라 할 수 있습니다.

이 작품은 이야기를 나눌 것이 참 많습니다. 특히 자신감이 낮고 세상에 두려움이 많은 독자라면 꼭 읽어야 할 그림책이라 생각합니다. 저는 작은 학교에서만 근무한 교사입니다. 지금까지 근무한 학교 중 규모가 가장 큰 학교가 고작 전교생 80명 정도입니다. 가장 작은 학교는 전교생 10명 수준으로, 민간인통제선 북쪽에 자리했습니다. 그 학교에 다니는 많은 어린이들은 자신감이 많지 않았습니다. 내촌초는 전교생 30명의 작은 학교입니다. 이 학교에 다니는 학생들은 도시 학교와는 분위기가 다르고, 자신감도 높지 않습니다. 그래서 저는 이 그림책을 읽고 우리 반 학생들과 이야기를 더 많이 나누었습니다. 『3초 다이빙』을 모둠별로 읽은 후 내용을 파악하고, 원탁토론형 터부토론으로 인터뷰 형식을 빌려 생각을 나눠 보았습니다. 마무리는 빈칸 채우기로 '경쟁'과 '협력'을 각각 경쟁적으로, 협력적으로 표현하는 것으로 진행했습니다.

왜 제목이?

토론의 갈래는 굉장히 많습니다. 문제해결을 위한 토론인 '토의'가 있고, 논증을 목적으로 하는 '(찬반)토론'도 있습니다. 의사결정을 위한 회의와 가장 오래된 토론인 문답도 토론의 한 갈래입니다. 또 각 문화권마다 조금씩 다른 토론이 있는데, 그중에서 유대인식 토론인 '하브루타'havruta가 유명합니다. 하브루타의 특징은 질문하고 답을 하는 것입니다. 사실 이것만큼 그림책과 잘 어울리는 것도 많지 않을 겁니다.

『3초 다이빙』이라는 책 제목은 굉장히 재미있습니다. 처음 이 그림책 제목을 만나면 머릿속으로 '왜 제목이 3초 다이빙이지?'라는 물음이 들 겁니다. 저 역시 학생들에게 그걸 묻고 싶었습니다. 저는 앞표지만 보여 주고 학생들에게 "이 그림책의 제목이 '3초 다이빙'인 이유를 모둠별로 찾아보세요."라고 주문했습니다.

내촌초 6학년 학생들은 △3초만 하는 다이빙 △3초 뒤에 다이빙 △다이빙장 이름이 3초 등 다양한 아이디어를 내놓았습니다. 물론 이런 상상력 가득한 대답이 정답은 아닙니다. 정답은 누구나 다이빙을 하면 3초 후에 풍덩 빠진다는 것이었습니다. 정답을 못 맞히면 어떻습니까. 이런 상상력이 바로 그림책을 더욱 재미있게, 매력 가득하게 만드는 것이지요.

저는 그림책이나 동화로 하브루타 수업을 할 때는 첫 문장이나 두 문장 정도를 읽어 주고 이야기를 상상하는 방법을 많이 씁니다. 『3초 다이빙』은 첫 문장이 의미심장해서 이어지는 이야기 상상하기 활동을 할 수 있습니다. "나는 잘하는 게 없는 것 같아."라는 첫 문장을 듣고 어떤 이야기가 이어질지 독자와 생각을 나누면 아주 재미있지 않을까요?

터부토론으로 '경쟁'에 대한 생각 나누기

제가 『3초 다이빙』을 읽고 한 독서 토론 중 학생들이 가장 좋아한 것은 바로 원탁토론형 터부토론이었습니다. 터부^{taboo}는 '금기시하다'는 뜻의 낱말이고, 터부토론은 금지어를 설정해서 그 말을 사용하면 벌칙을 주는 토론 방법입니다. 터부토론에는 찬반토론형과 원탁토론형이 있는데, 아홉 명의 학생이 참여하기에 원탁토론형이 좋아 이번에는 원탁토론형 터부토론을 해 보았습니다.

『3초 다이빙』으로 나눈 터부토론 주제는 이 책의 화두인 '경쟁'이었습니다. 우리 반 아홉 명의 학생들은 둥글게 앉아 '경쟁'에 대한 자신의 생각을 이야기했습니다. 저는 토론에 앞서 토론자가 사용하면 안 되는 금지어를 4가지 설정했습니다. 제가 설정한 금지어가 무엇인지 모르는 토론자들은 이야기를 하면서 자연스럽게 금지어를 사용하게 되었습니다. 금지어를 사용한 학생이 있으면 저는 금지어당 한 개의 스티커를 금지어를 사용한 사람의 얼굴에 붙였습니다. 나중에는 모두들 제가 설정한 금지어가 무엇인지 눈치채고 다른 말로 바꿔 사용하려고 노력하게 되었습니다. 학생들은 터부토론을 마친 후 아쉬워하며 무릎을 탁 쳤습니다. 스티커를 덜 붙일 수 있었는데 자기도 모르게 금지어를 사용했다는 아쉬움을 토로했습니다. 그러면서도 "경쟁에 대해 나눈 생각이 참 유익"했고, "터부토론도 무척 재미있었다."고 제게 말해 주었습니다. 참고로 이날 제가 선정한 금지어는 경쟁, 협력, 승리, 공정이었습니다.

터부토론은 금지어를 생각하다 보니 토론 주제 이외에도 신경을 써야 할 부분이 많습니다. 그래서 조금 산만해질 수 있지만, 긴장을 완화하는 장점이 있습니다. 또 벌칙으로 받은 스티커를 통해 자신이 얼마나 금지어를 많이 사용했는지 파악할 수도 있습니다. 다만, 터부 토론을 할 때에는 사회자가 매끄럽게 운영할 수 있어야 한다는 점을 잊지 마십시오. 중요한 것은 생각을 주고받는 것이지 벌칙으로 스티커를 붙이는 것이 아니니 말입니다.

경쟁과 협력을 다시 떠올리며

『3초 다이빙』 독서 토론 마무리는 '경쟁'과 '협력'이라는 키워드로 빈칸 채우기를 해 봤습니다. 빈칸 채우기는 말 그대로 빈칸에 은유적인 표현을 써넣고, 그 이유를 설명하는 활동입니다. '경쟁'은 각자 빈칸을 채웠고, '협력'은 여러 사람과 협력하여 빈칸에 적절한 내용을 써넣었습니다. '경쟁'은 말 그대로 경쟁적인 방식으로 표현했고, '협력'은 생각을 나눈 후 합의로 표현을 했습니다. 학생들은 어떤 방식을 더 좋아했을까요? 정답은 독자 여러분의 상상에 맡기겠습니다.

『3초 다이빙』은 매우 철학적이고 진지한 그림책입니다. 정진호 작가의 그림책은 '글자 없는 그림책' 또는 '글이 적은 그림책'에 속합니다. 『3초 다이빙』은 정진호 작가의 작품 경향 중 후자인 '글이 적은 그림책'이라 할 수 있습니다. 글이 많지 않은 그림책은 이야기 전개에서 그림의 역할이 매우 큽니다. 글이 적거나 아예 글이 없으면 그림책을 만들기 더 쉬울 것 같지만, 사실은 그 반대입니다. 글자 없는 그림책 또는 글이 적은 그림책은 이야기를 매끄럽게 전개하기 위해서는 그림의 역할이 커집니다. 그래서 글이 어느 정도 있는 그림책보다 더 꼼꼼한 구상과 스케치가 필요합니다. 저는 정진호 작가의 그림책이 그런 꼼꼼함 속에서 탄생했을 것이란 생각을 하고 있습니다.

정진호 작가는 2014년에 첫 작품 『위를 봐요!』(현암주니어)로 데뷔했습니다. 이 그림책은 교통사고로 다리에 장애를 가진 수지, 그리고 수지와 연대하는 주변 사람들의 이야기를 담담하게 다루고 있는 감동적인 작품입니다. 또한 이 작품은 건축도면을 그리는 방법 중 평면도로 그려 사람들의 호기심을 무척 자극합니다. 정진호 작가는 이 작품으로 2015년 볼로냐 라가치상 오페라 프리마(Bologna Ragazzi Opera Prima) 부문 우수상을 수상했습니다. 그 후 입체도법을 활용한 『벽』, 단면도법을 적용한 『별과 나』(이상 비룡소) 등을 펴내며 국내외의 주목을 받게 됩니다. 정진호 작가는 2018년에는 『벽』으로 볼로냐 라가치상 예술, 건축 디자인 부문을 수상하며 세상을 놀라게 했습니다. 외국에서 큰 호응을 얻는 정진호 작가의 작품을 보면서 그림책의 국경은 낮다는 생각을 하게 됩니다.

저는 정진호 작가와 여러 프로그램을 같이 해서 약간의 친분이

있습니다. 정진호 작가는 사람들과 많은 이야기를 나누며 작품 세계를 열어 가고 있습니다. 자신의 그림책을 소개하는 것보다 '그림책을 읽는 방법'이라든지 좋은 그림책을 알리는 활동에 더 관심을 많이 갖고 있습니다. 정진호 작가의 끊임없는 실험 정신, 그리고 독자를 열심히 만나려는 모습에 저도 감동합니다. 그래서 경쟁 대신 협력이 더 필요하다는 작가의 메시지가 여러 독자에게 큰 울림이 되기를 응원해 봅니다.

아주 사소한
소원을 찾아서

『사소한 소원만 들어주는 두꺼비』와 소원

　세상 사는 것은 고민의 연속이라 합니다. 어른은 어른대로, 어린이는 어린이대로 고민을 갖고 삽니다. 물론 고민의 크기는 저마다 다릅니다. 또한 어떤 사람은 한두 가지 고민이 아니라 굉장히 많은 고민을 쌓고 살기도 하지요. 그래서인지 상당수 사람들은 초자연적인 존재에 의지하거나 간절하게 소원을 빕니다. 밤하늘을 수놓는 별에게, 유독 크게 보이는 달을 보며, 그리고 혜성이나 별똥별을 보며 가족의 안녕이나 꿈을 이뤄 달라고 비는 경우도 있습니다. 가끔은 특별한 모양의 바위나 사람들이 정성들여 쌓은 돌탑에 두 손을 모으는 경

『사소한 소원만 들어주는 두꺼비』 전금자 그림책. 비룡소

우도 있지요. 이렇게 빈 소원이 이뤄지는 경우도 있지만, 그렇지 못한 경우가 더 많은 것 같습니다. 특히 '부자가 되게 해 주세요.', '로또에 당첨되게 해 주세요.' 같은 소원은 거의 이뤄지지 않는 것 같습니다. 그런 소원을 들어주기에 신은 너무 바쁘기 때문이 아닐까요?

당신의 소원은 무엇입니까?

제가 어렸을 때는 쥐불놀이나 달집태우기 같은 행사가 꽤 많았습니다. 그 시절에는 정월 대보름, 추석에 달을 보며 가족의 안녕과 자신의 소원을 비는 사람이 많았답니다. 저는 어린 시절에 '용돈이 많이 생겼으면 좋겠다.'는 소원을 빌곤 했습니다. 명절에 이렇게 용돈 타령을 한 건 당시에 용돈을 따로 받지 않아서 가족 친지가 명절에 주는 용돈으로 한 해를 산 경우가 많았기 때문이었습니다.

그런데 그 시절 제 소원이 충분히 이루어진 경우는 별로 없었습니다. 일단 저는 친인척이 별로 없었고, 고향에서 떨어진 강원도 정선의 탄광촌에 살았습니다. 1980년대의 탄광촌은 힘겨운 사람들이 모여 살던 곳이었습니다. 무엇보다 모두 형편이 어려웠기 때문에 당시 제가 빈 '넉넉한 용돈' 소원은 이루어지기에 너무 컸던 것 같습니다.

소원을 비는 또 한 번의 시즌은 바로 크리스마스 때였습니다. 저는 선물을 받겠다고 양말을 걸어 놓고 자기도 하고, 편지를 써 놓고 밤 12시가 되기를 기다린 적도 있었습니다. 그런데 산타 할아버지(혹은 할머니)를 만난 적은 없었습니다. 크리스마스 때 소원을 빌지 않을 무렵, 저는 철이 들었던 것 같습니다. 조금 늦게 철이 들어도 좋았을 것 같은데 말입니다.

    초등교사가 되고 나서 제가 담임을 맡고 있는 학급 학생들과 소원 적기 프로그램을 운영할 때가 있습니다. 이때 소원은 '죽기 전까지 해 보고 싶은 것'이라는 버킷리스트로 할 때도 있고, 반대로 아주 사소한 소원으로 하는 경우도 있었습니다. 일생에 해 보고 싶은 일을 의미하는 버킷리스트가 많이 나올 것 같지만, 사실 버킷리스트 만들기도 쉽지 않습니다. 왜냐하면 인생 경험치가 많아야 다양한 버킷리스트가 나오는데, 제가 담임을 맡고 있는 초등학교에서 소원이 100가지씩 나오려면 경험을 더 많이 쌓아야 하기 때문입니다. 하지만 제 경험상 정작 어려운 건 버킷리스트가 아니라 '아주 사소한 소원 말하기'였습니다. 잘 듣다 보면 전혀 사소하지 않은 소원이 많이 나왔습니다. 어쩌면 '사소하다'는 말을 받아들이는 정도가 사람마다 다르기 때문에 이런 어려움이 있었을 것 같습니다.

얼마나 사소해야 할까요?

    소원을 이야기할 때 제가 꺼내는 그림책이 바로 전금자 작가의 작품인 『사소한 소원만 들어주는 두꺼비』입니다. 2017년 황금도깨비상 수상작으로, '전금자'라는 이름을 세상에 알린 작품이라 할 수 있습니다. 이 그림책 앞표지에서는 눈을 감고 오른손을 내미는 능청스러운 표정의 두꺼비가 돋보입니다. 주인공 훈이는 학교 가는 길에 두꺼비를 구해줍니다. 그러자 두꺼비는 그 보답으로 사소한 소원 한 가지를 들어주겠다고 합니다. 두꺼비는 〈아라비안나이트〉의 '지니'

처럼 소원을 들어주기는 하는데, 힘이 없어서 사소한 소원만 들어줄 수 있습니다.

문제는 얼마나 사소해야 사소한 소원이 될 수 있냐는 것입니다. 이 그림책에는 제목부터 '사소한 소원' 이야기가 나오는데요, 얼마나 사소해야 사소한 소원이 될 수 있는지 상상해 보는 재미가 있습니다. 이 그림책에서 두꺼비가 들어주는 소원이 누군가에게 사소하지 않을 수 있고, 또 다른 사람에게는 너무 사소한 소원으로 느껴질 수도 있습니다. 생각해 보면, 사소하다는 느낌도 사람 차가 있다는 것을 느끼는 것도 나쁘지는 않을 것 같습니다.

사람들이 그림책을 읽는 이유는 다양합니다. 감동과 재미를 위해 읽는 경우가 가장 많고, 그림이 아름답거나 재미있어서일 수도 있습니다. 교사는 수업에 접목하기 좋아서 그림책을 읽는 경우도 있습니다. 저는 수업 시간에 그림책을 읽을 때에 독서 전, 독서 중, 독서 후 활동을 골고루 진행하는 데 초점을 맞추고 있습니다. 그림책은 읽기물에 비해 독서 전 활동을 풍성하게 할 수 있는 장점이 있습니다. 책 앞표지가 그림책의 시작이고, 또한 그 책에 대한 많은 정보가 함축적으로 담겨 있기에 책 표지를 활용하면 독서 전 활동이 아주 재미있어집니다. 책 표지를 활용한 독서 전 활동 시간에는 관찰이나 예측 활동, 책놀이가 가능하고 하브루타를 적용할 수도 있습니다. 이번에는 이 그림책의 특성을 고려하여 '책 표지 관찰해 내용 예측하기'를 독서 전에, 독서 후에는 '사소한 소원 빌기'와 '위시리스트 토론'을 적용해 보았습니다.

책 표지에 있는 모든 것이 정보다

책에서 사소한 것은 없겠지만, 그래도 그림책에서 앞표지는 그 어느 요소보다 중요하다고 말할 수 있습니다. 대부분의 책은 출간을 앞둔 거의 마지막 단계에서 제목을 확정하고, 그 후에 앞표지를 디자인합니다. 그중에서도 적은 분량으로 내용을 전달해야 하는 그림책 앞표지는 책 내용을 대표할 수 있도록 디자인을 해야 합니다. 그래서 저는 그림책을 읽을 때 앞표지를 자세히 관찰하거나 관찰한 내용을 바탕으로 내용을 예측하는 활동을 좋아합니다. 앞표지를 꼼꼼하게 살펴보면 생각보다 많은 정보를 찾을 수 있습니다. 특히 이 책은 '사소한 소원만 들어주는 두꺼비'라는 제목이 많은 내용을 압축해서 제시하고 있습니다. 내촌초 6학년 학생들은 이 그림책 앞표지를 통해 어떤 정보를 파악했는지 살펴봅니다.

앞표지를 관찰한 사실
- 2017 황금도깨비상 수상작이다.
- 출판사는 비룡소이다.
- 전금자 작가의 그림책이다.
- 두꺼비가 누워 있다.
- 두꺼비가 손을 벌리고 있다.
- 두꺼비가 손가락을 네 개 펴고 있다.
- 두꺼비가 눈을 감고 있다.
- 두꺼비 콧구멍이 짝짝이다.

내촌초 6학년 학생들이 찾지는 못했지만 책 표지 정보는 더 많습니다. 앞표지의 두꺼비는 수업 시간표 위에 누워 있습니다. 시간표는 빨간 자석 하나, 노란 자석 하나 등 납작한 원형 자석으로 판에 붙어 있습니다. 시간표 옆으로는 글씨가 쓰인 수첩 종이가 한 장 붙어 있습니다. 두꺼비의 등쪽은 진한 갈색 계통이고, 배쪽은 연한 황금색입니다. 이 두꺼비는 콧구멍이 두 개, 눈이 두 개 있습니다. 또한 '전금자 그림책'이라 되어 있어 글과 그림을 한 명이 했음을 알 수 있습니다. 이렇듯 그림책 표지에는 다양한 정보가 담겨 있는데 우리는 그냥 지나치는 경우가 상당합니다. 특히 어른은 활자에 주목하는 경향이 더 커서 그림을 놓치는 경우가 잦습니다.

이 그림책의 특징은 사람이 두꺼비에게 소원을 빈다는 겁니다. 그것도 큰 소원이 아니라, 아주 사소한 소원 말입니다. 그래서 내촌초 학생들은 이 그림책을 읽고 나서 사소한 소원 빌기 활동을 해 봤습니다. 제가 2019년에 함께 공부한 학생은 아홉 명이라 세 명을 한 모둠으로 구성해 활동하는 경우가 많았습니다. 벌집 모양의 활동지에 각자 두 개씩 쓴 후 총 여섯 개의 소원 중 가장 사소한 소원을 골라 봤습니다. 각 모둠에서 작성한 소원은 '전람회 기법'이라는 발표 방법으로 나눴습니다. 전람회 기법은 모둠별로 발표자가 남고 나머지 사람은 다른 부스를 옮겨 다니며 상대방의 발표를 확인하는 협동학습 방법입니다. 도연이네 모둠에서는 "물병에 물 한 방울이 더 들어 있게 해 주세요." "머리카락 하나의 길이가 0.01밀리미터 자라게 해 주세요." "키를 0.01센티미터만큼 크게 해 주세요." "가위 바위 보를 이기게 해 주세요." "쓰레기를 치워 주세요." "밤에 잘 때 불을 꺼 주세요." 등 여섯 가지 소원이 나왔습니다. 이중 "밤에 잘 때 불을 꺼 주세요."를 가장 사소한 소원으로 정했습니다. 다른 모둠도 같은 방법으로 사소한 소원을 정했는데, 서로 발표하는 내용을 듣고 나서 '이런 사소한 소원을 빌다니, 정말 예상치 못했다.'는 반응이 나왔습니다.

희망 목록을 만들어

『사소한 소원만 들어주는 두꺼비』를 읽고 마지막으로 나눈 활동은 위시리스트 wish list 토론이었습니다. 위시리스트와 버킷리스트가 헷갈리는 경우가 있는데, 버킷리스트가 '죽기 전에 꼭 하고 싶은 것 목록'이라면 위시리스트는 '희망 목록' 또는 '소원 목록'이라는 차이가 있습니다. 위시리스트가 가장 많이 사용되는 것은 아마도 인터넷 쇼핑 웹사이트일 겁니다. 상당수 쇼핑 웹사이트에는 구입할 상품을 담아 두는 장바구니 말고도 조르기 기능이 있는 위시리스트라는 코너가 따로 있습니다. 보통 위시리스트 토론을 할 때 소원 항목은 6, 9, 12가지 등 3의 배수로 정합니다. 초등학교에서는 6가지, 9가지 정도가 소원 항목으로 적절하고 고등학생 또래의 청소년과 어른은 12가지를 쓰기도 합니다. 만약 '부모님께 바라는 점'을 주제로 위시리스트 토론을 한다면 '반드시 들어주실 것' '가급적 들어주실 것' '들어주시지 않을 것' 등 세 영역을 설정하고, 각 영역에 같은 수의

세상에서 가장 사소한 소원을 찾아라!

① 3명이 한 모둠을 만듭니다.
② 각자가 쓴 사소한 소원을 벌집 바깥쪽 육각형에 씁니다.
③ 대화를 나눈 후 6개의 사소한 소원 중 가장 사소한 소원을 안쪽 육각형에 씁니다.
④ 다른 모둠에 우리 모둠의 사소한 소원을 소개합니다.

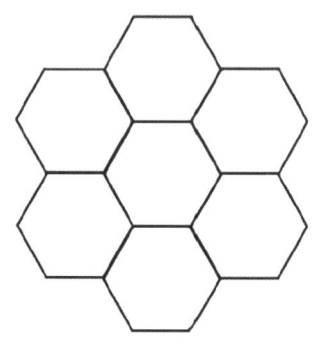

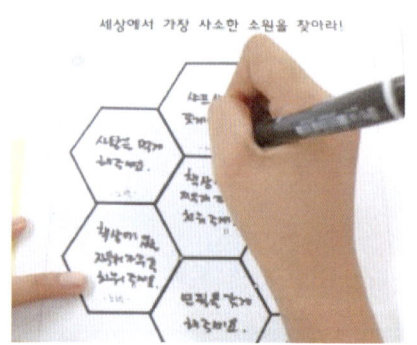

구분	소원
반드시 들어주실 것	• 공부하라고 하지 말아 주세요.
	• 게임을 많이 할 수 있게 해 주세요.
가급적 들어주실 것	• 늦잠 자게 해 주세요.
	• 잔소리를 하지 말아 주세요.
들어주시지 않을 것	• 새 휴대전화를 사 주세요.
	• 용돈을 많이 주세요.

'부모님께 바라는 점'을 주제로 나눈 내촌초 6학년 학생의 위시리스트 토론 결과

항목을 넣어야 합니다. 만약 소원이 여섯 가지였다면 토론을 통해 각 영역에 두 개의 항목을 넣으면 됩니다. 각 모둠마다 다른 근거로 다른 소원을 넣을 테니 이야기를 나누면 재미있는 수다가 펼쳐집니다. 저는 모둠 토론을 참 좋아하는데, 이번에는 각자의 생각을 이야기해 달라고 과제를 냈습니다. 가끔은 개개인의 생각이 궁금하기 때문입니다. 그중에서 가장 이야기할 것이 많았던 한 학생의 결과를 나눕니다.

만약 지금 빌고 있는 소원이 이루어지면 또 다른 소원을 빌겠지요? 그리고 끊임없이 앞으로 달려갈지도 모릅니다. 하지만 가끔은 그런 욕심을 내려놓고 사소한 일에 주목해 보면 어떨까요? 어린이의 마음을 간직한다는 건 그런 모습일지도 모릅니다. 그림책을 덮으며 너무 큰 소원보다 미소를 지을 수 있는 사소한 소원을 떠올려 보세요. 그게 바로 일상의 행복으로 가는 길입니다.

분열과 협력
이야기

『감기 걸린 물고기』와 한국 사회

    저는 지난 2019년 10월에 학생생활교육 담당교사 정책연수의 일환으로 캐나다를 다녀온 적이 있습니다. 캐나다가 생활교육 분야 정책연수지가 된 것은 그곳이 회복적 생활교육의 고향이기 때문입니다. 회복적 생활교육은 처벌과 징계중심의 생활교육에서 벗어나 다른 방향의 생활교육을 지향하는 담론입니다. 캐나다도 처벌과 징계중심으로 생활교육을 한 시절이 있었지만, 1974년 이후 북아메리카 원주민의 철학과 생활교육을 수용한 회복적 생활교육을 발전시켰습니다. 그래서 지금 캐나다는 '회복적 생활교육의 고향'이라는 평가를

『감기 걸린 물고기』 박정섭 그림책, 사계절

받으며 여러 나라의 주목을 받는 상황이 되었습니다.

　캐나다는 미국처럼 연방국가로, 주별로 교육정책과 학제가 조금씩 달랐습니다. 제가 돌아본 곳은 캐나다 로키산맥이 있는 앨버타주와 한국인도 많이 거주하고 있는 브리티시 콜롬비아주였습니다. 캐나다 교육청과 학교에서는 존중과 책임, 의사소통을 가장 중요한 교육목표로 언급하고 있었습니다. 다른 사람을 존중해야 갈등이 줄고, 또 자신의 말과 행동에 책임을 지는 것을 너무 당연하게 생각했습니다.

　고등학교 2학년 때 캐나다로 이민을 간 한국계 캐나다인인 현지 가이드는 재미있는 이야기를 해 주었습니다. 백인계 캐나다인인 초등학교 1학년 어린이가 동양계 이민자인 자신의 자녀에게 '원숭이 같다.'고 말하여 학교가 발칵 뒤집혔다고 합니다. 인종차별이자 혐오 발언이기 때문에 집단상담과 화해 절차를 오랫동안 진행했다고 말이죠. 모 대학에서 강의를 하고 있는 교수께서는 SNS 상에서 상대방에게 키가 작다고 놀리거나 뚱뚱하다고 놀린 것이 큰 사건이 되어 8회에 걸친 집단상담을 했다는 경험을 말씀해 주셨습니다. 이 사건이 한국에서 일어났다면, 아마 학교에서 담임교사나 학생생활교육 담당 교사가 학생에게 주의를 주고 넘어가지 않았을까 상상을 해 봤습니다. 그렇다면 캐나다는 왜 이렇게 차별, 혐오 발언에 대해 민감하게 반응하는 것일까요? 그건 아마도 캐나다 사회가 일찌감치 다문화사회를 선언하고 사회통합을 지향하고 있기 때문이 아닐까 생각합니다.

재치 있는, 더 깊이 있는

이번에 나눌 그림책은 박정섭 작가의 『감기 걸린 물고기』입니다. 이 그림책의 저자인 박정섭 작가는 『놀자!』(책읽는곰), 『짝꿍』(스콜라), 『똥시집』(사계절) 같은 작품을 쓰고 그렸습니다. 그림도 재미있고, 서사도 좋지만 저는 박정섭 작가의 작품은 재치가 있어서 좋아합니다. 『감기 걸린 물고기』는 유쾌한 그림과 재치 있는 이야기로 인기 있지만, 일상에서 시사하는 바도 큰 그림책입니다. 누구나 좋아하는 물고기가 등장하고, 거짓 소문을 퍼트려 작은 물고기들을 분열시키는 이야기가 나옵니다. 이 작품은 가짜뉴스가 범람하는 요즈음 더 곱씹어 읽어야 할 이유가 있습니다. 소문, 유언비어라는 일상을 다루고 있지만 분열과 협력, 연대라는 매우 사회적인 내용도 담고 있기 때문입니다.

내촌초 6학년 교실에서는 『감기 걸린 물고기』를 읽고 ①물고기에 대한 유언비어 만들기 ②사람에 대한 유언비어 만들기 ③협상 토론 등의 순서대로 생각을 나눠 봤습니다. 언급한 것처럼 유언비어는 2단계로 만들었는데, 그 첫 번째는 바로 원작과 다른 물고기 유언비어를 만들어 분열을 시키는 것이었습니다. 저는 작품에 나온 빨간 물고기, 파란 물고기, 노란 물고기와 함께 초록 물고기, 하얀 물고기, 검은 물고기 등 6종의 물고기를 제시했습니다. 학생들은 유언비어를 만드는 데 생각보다 굉장히 많은 고민을 했습니다. 아무래도 그렇게 나쁜 이야기를 해도 되는지 고민했기 때문이었습니다.

물고기와 유언비어

구분	유언비어
빨간 물고기	"얘들아, 빨간 물고기는 화가 잔뜩 났대. 그래서 빨간 거래."
파란 물고기	"파란 물고기는 급체를 했나 봐! 조금 있으면 토할지도 몰라."
노란 물고기	"노란 물고기가 방귀를 못 뀌었나 봐. 방귀를 뀌어서 다 죽을지도 몰라!"
초록 물고기	"초록 물고기는 다른 바다에서 왔대. 무시무시한 일이 일어날 수도 있대."
하얀 물고기	"얘들아, 하얀 물고기가 니네 뒷담화하더라."
검은 물고기	"검은 물고기는 원래 나랑 한 팀이었어. 지금 배신하고 거기가 있는 거야. 원래는 검은 물고기가 너희 먹으려고 했어. 이래도 같이 뭉쳐 있을 거야?"

내촌초 6학년 송서영 학생이 만든 물고기 유언비어

나쁜 유언비어

『감기 걸린 물고기』 나눈 두 번째 활동은 '사람에 대한 나쁜 유언비어'를 만드는 것이었습니다. 요즈음 학교나 사회에서는 혐오 발언이 문제가 되고 있습니다. 혐오는 다수자가 소수자를, 강자가 약자를 공격하는 방식입니다. 저는 『감기 걸린 물고기』에서 힘센 물고기가 퍼트린 소문이 일종의 혐오 발언이라고 생각했습니다.

경제학에는 '악화가 양화를 구축한다.'는 이야기가 있습니다. 위조화폐나 함량 미달의 화폐가 나오면 정상적인 화폐의 유통까지 마비시키며 경제가 위축되는 상황을 가리키는 말입니다. 이것을 유언비어에 비유하면 '나쁜 소문이 좋은 평가를 구축한다.'고 할 수 있습니다. 사람들은 '아니 땐 굴뚝에 연기 날까.'라고 하며 유언비어를 퍼 나르기도 합니다. 이때 사람들은 '너만 알고 있어.'라고 덧붙이며 유언비어를 확산하는 경우도 있습니다.

그래서 현실에서 이런 혐오 발언은 날개 돋힌 듯 퍼져 나갑니다. 비슷한 처지에 있던 사람도 혐오 발언이 유행하면 자신도 그 혐오의 대상이 될까 봐 위축됩니다. 불과 얼마 전까지 우리를 떨게 했던 레드콤플렉스 누군가를 '빨갱이'라고 공격하는 말과 행동으로 위축되는 현상처럼 말입니다. 또한 2020년 초반에 사회를 얼어붙게 한 '코로나 19' 사태 당시 '○○인 출입금지'라는 종이를 써 붙였던 모습도 이와 다르지 않습니다. 이 시기에 동아시아에서 먼 지역으로 여행을 갔던 분들은 "너네 나라로 꺼져."라는 혐오 표현을 듣기도 했답니다. 그 지역에서는 중국인, 한국인, 일본인, 몽골인 등을 잘 구별할 수 없기 때문에 싸잡아서 말했겠지만, 혐오는 모습만 다를 뿐 본질적인 차이는 없는 것입니다.

우리 반은 △북한 출신 사람 △베트남 출신 사람 △중국 출신 사람 △예맨 출신 사람 △일본 출신 사람 △필리핀 출신 사람 △여자 △강원도 출신 사람 등 여덟 그룹의 사람에 대해 나쁜 유언비어를 만들었습니다. 학생들은 사람에 대해 나쁜 유언비어를 만들며 굉장히 난감해했습니다. 물고기를 분열시켰던 것과는 느낌이 다른 모양이었습니다. 그도 그럴 것이, 우리 학교에는 탈북민이 부모인 학생, 베트남 출신 어머니를 둔 학생, 중국 출신인 학생과 그 어머니, 필리

핀 출신 어머니를 둔 학생이 있었습니다. 모두가 강원도 출신이었고, 일부는 여자였으니 그 나쁜 유언비어의 당사자이기도 했습니다.

내촌초는 그동안 인권과 배려, 협력을 강조하는 교육을 해 왔습니다. 모든 사람의 인권감수성이 높은 것은 아니지만, 상당수는 사회적 약자에 대한 공격이 윤리적으로 옳지 않다는 느낌을 갖고 있습니다. 학생들은 혐오 발언은 옳지 않다고, 그것은 사람을 부당하게 편 가르기 하는 것이라는 것을 느끼고 있었습니다. 그래서 '사람에 대한 나쁜 유언비어' 활동을 통해 출신 국가로, 성별로, 지역으로 나쁘게 이야기하지 말자는 작은 약속을 자연스럽게 할 수 있었습니다.

승패 없는 토론으로

내촌초 학생들과 『감기 걸린 물고기』를 읽고 세 번째로 나눈 활동은 바로 협상 토론이었습니다. 협상 토론은 현재 처해 있는 조건을 놓고 양측으로 나뉘어 협상을 한 후 합의문을 작성하는 토론 방법입니다. 이때 중요한 것이 바로 역할에 몰입하는 메소드^{method} 연기(극사실주의 연기)입니다. 협상 토론은 같은 팀끼리는 협력을, 상대방과는 평화롭지만 긴장감이 있는 협상을 해야 합니다. 힘센 물고기 팀은 상어, 가오리 역할을 맡고, 작은 물고기 팀은 고등어와 삼치 역할을 맡아 2대 2로 협상을 했습니다. 이 토론은 1라운드부터 3라운드까지 진행되었고, 마지막에 합의문을 만든 후 서명까지 했습니다. 힘센 물고기 팀은 △큰 물고기가 작은 물고기를 잡아먹는 것은 당연한 이치이다. △큰 물고기가 작은 물고기를 잡아먹기 위해 소문을 퍼트리는 것이 무엇이 잘못이냐는 논리로 협상에 임했습니다. 반면, 작은 물고기 팀은 △거짓 소문으로 상대방을 공격하는 것은 잘못이다. △누군가를 혐오하게 만드는 말은 용서해서는 안 된다. 등의 주장을 펼쳤습니다. 치열한 협상 끝에 나온 합의문으로 바다는 평화를 되찾게 되었습니다. 『감기 걸린 물고기』로 나눈 협상에서 합의문이 어떻게 나왔을지 궁금하죠?

협상 토론 합의문

공정하고 평화로운 바다를 위하여 우리는 다음과 같이 합의한다.

1. 가오리와 상어 등 강자들은 물고기를 잡아먹을 때 유언비어를 퍼트리지 않는다.
2. 가오리와 상어 등 강자들은 멸종되지 않는 선에서 물고기를 잡아먹는다.
3. 고등어와 삼치 등 작은 물고기는 죽은 물고기를 1주일에 한 번씩 제공한다. 단, 썩을 법한 물고기는 즉시 제공한다.
4. 고등어와 삼치 등 작은 물고기는 병들거나 범죄를 저지른 물고기를 제물로 바치거나 위치를 알려 준다.

20○○년 ○월 ○일

상어: 이성용, 가오리: 김도연, 삼치: 노별, 고등어: 안수현

약자의 무기는 단결과 연대

인간 사회에서 강자와 약자의 격차는 굉장히 큽니다. 현대사회로 오면서 그 격차가 더욱 커지는 것 같습니다. 예를 들어, 세계적인 기업이라는 S전자 대표와 하청 노동자의 힘의 차이는 너무나 큽니다. 하청 노동자 1천 명, 아니 1만 명이 모여도 S전자에 대항하기에는 힘이 너무 약합니다.

동물 세계에서도 이렇게 차이가 큰 경우가 있지만 인간 세계와는 조금 다릅니다. 약한 동물도 협력과 연대를 통해 강한 동물에 맞서는 경우가 종종 있습니다. 우선 개미핥기에 맞서 단결했던 개미 이야기로 선풍적인 인기를 끌었던 벨기에 공공버스 광고가 기억납니

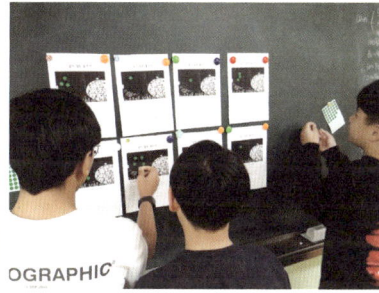

다. 이 광고는 판타지적이기는 하지만 단결과 연대의 중요성을 아주 잘 보여 주었습니다. 물고기 중 80%는 무리를 지어 다닌다고 합니다. 이렇게 뭉쳐 덩치가 크게 보여야 포식자로부터 덜 공격받기 때문입니다. 또한 동물의 위협은 아니지만 남극의 매서운 추위를 견디기 위해 펭귄들이 모여 서로가 서로를 지켜주는 모습도 감동적입니다. 역시 약자의 유일한 무기는 단결과 연대가 아닐까요?

유쾌하지만
민주주의를 생각해

『아무도 지나가지 마!』와 꿈

　요즈음 한국 작가들이 세계적인 어린이책 축제에서 주목받는 경우가 많아졌습니다. 1990년대부터 발전한 한국 그림책은 이제 세계적인 수준에 이르렀습니다. 사실 한국은 창작 그림책이 발전한 몇 안 되는 나라 중 하나입니다. 그림책은 제작비가 많이 들어가는 출판 분야이고 글과 그림이 함께 발전해야 하기 때문에 자리를 잡기가 쉽지 않습니다. 또한 상대적으로 비싼 책이기 때문에 경제적으로도 일정 수준에 이르러야 그림책 독자층을 형성할 수 있습니다. 다행히 한국은 세계적으로 10위 내외의 경제 수준을 기록하고 있습니다. 지

『**아무도 지나가지 마!**』 이자벨 미뇨스 마르틴스 글, 베르나르두 카르발류 그림, 민찬기 옮김, 그림책공작소

금 한국은 0~100세가 읽는 책으로 그림책이 나아가고 있습니다. 그림책에 대한 관심이 높아지면서 그림책을 소개하거나 그림책 수업을 안내하는 책도 연이어 등장했습니다. 이런 점도 그림책을 연구하고 그림책이 한 단계 발전하는 데 도움을 줄 것이라 믿습니다.

한국 그림책계는 그림책 발전을 위해 많은 노력을 기울여 이제는 좋은 작가와 작품을 많이 배출했습니다. 이수지, 백희나 작가를 비롯한 참 많은 그림책 작가들이 좋은 작품을 내놓고 있습니다. 이탈리아의 볼로냐 슬로바키아의 수도 브라티슬라바 등에서 열리는 세계적인 행사에서도 한국 그림책이 주목받고 있습니다. 이제 우리는 외국의 다양한 그림책도 거의 실시간으로 수입하여 읽고 있습니다. 그림책이 출간된 국가와 동시 발간을 하는 경우도 심심치 않게 볼 수 있습니다. 그런데 우리가 접하고 있는 대부분의 그림책은 미국, 영국, 프랑스, 그리고 일본 정도의 작품입니다. 동유럽 그림책, 라틴 아메리카, 그리고 남아시아나 아랍 지역의 그림책은 쉽게 접하지 못합니다. 또 같은 유럽이라고 해도 스페인, 포르투갈, 그리스 등 남유럽이나 덴마크, 스웨덴, 노르웨이 등 북유럽 그림책은 상대적으로 접하기 쉽지 않습니다.

조금은 낯선

오늘 소개할 작품은 포르투갈 그림책 『아무도 지나가지 마!』입니다. 이 작품은 이자벨 미뇨스 마르틴스가 글을 썼고, 베르나르두 카르발류가 그림을 그린 그림책입니다. 제가 이 책을 보여 주고 '어느

나라 그림책 같냐?'고 물었을 때 포르투갈이라고 답한 성인 독자는 거의 없습니다. 안타깝게도 제가 소개하기 전에 포르투갈 그림책이라는 사실을 먼저 알아챈 초등학생의 경우에는 한 명도 없었습니다. 그만큼『아무도 지나가지 마!』는 한국에서 잘 알려지지 않은 나라에서 건너온 작품이었습니다.

재미있게도『아무도 지나가지 마!』는 민주주의와 독재가 무엇인지 위트 있게 보여 주는 그림책입니다. 갈기가 멋있는 푸른 말을 탄 장군이 "아무도 지나가지 마!"를 외치는 것 같은 저 표지만 보고 이 그림책의 주제를 알 수 있을까요? 저는 '포르투갈도 한국처럼 군부 독재를 경험했기 때문에 이런 작품이 나올 수 있지 않았을까.' 예측을 해 보았습니다. '민주주의와 독재'를 다룬다고 무겁기만 한 그림책은 아닙니다. 이 작품이 한국에서 주목받는 이유는 바로 위트가 있고, 단선적이지 않은 시선 때문입니다. 그러니 주저 말고『아무도 지나가지 마!』의 책장을 넘기셔도 됩니다.

참고로 글 작가인 이자벨 미뇨스 마르틴스는 한국에서 가장 유명한 포르투갈 그림책 작가가 아닐까 싶습니다. 같은 작가가 글을 쓴『시간이 흐르면』(그림책공작소),『씨앗 100개가 어디로 갔을까』(토토북),『머리가 자라는 동안』(한겨레아이들),『느리게 빠르게』(걸음동무) 등도 번역되어 있으니 같이 읽어 보기를 권합니다. 아, 인터넷서점 등에 '이사벨 미노스 마르틴스'라고 검색해야 나오는 작품도 있으나, 표기상의 차이일 뿐 같은 작가라는 사실을 알려드립니다.

그림책 제목을 맞춰라!

이 그림책을 처음 손에 들고서 두 가지 점이 눈에 띄었습니다. 우선 이 그림책은 일단 제목부터 심상치 않았습니다. 제목이 『아무도 지나가지 마!』라니, 굉장히 도발적입니다. 두 번째 인상은 그림이 예쁘지 않다는 것이었습니다. 보통 그림책은 그림이 예쁘거나 정교한데, 이 그림책은 대충 그린 것 같은 느낌이 들었습니다.

저는 궁금증을 유발하는 이 그림책 표지를 활용해 학생들과 '그림책 제목 맞추기' 활동을 먼저 해 봤습니다. 책 표지에서 제목이 세 줄로 되어 있는데, 첫 줄의 '아무도'를 지우고 그곳에 들어갈 말을 학생들에게 넣어 보게 했답니다. 내촌초 6학년 학생들은 모둠별로 빈 칸에 들어갈 말을 상상해 써넣었습니다. 한 모둠은 '그 강을', '결승선', '그곳을', '그 땅을', '그 길을' 등을 상상했고, 다른 모둠은 '색깔을', '말 타고', '왕국을', '나 빼고' 등을 써넣었습니다. 실제 책 제목과는 살짝 거리가 있지만, 학생들은 대부분 아주 재미있고 의미 있는 낱말을 이야기해 주었습니다.

이 책의 첫 번째 매력은 바로 제목입니다. '아무도 지나가지 마!'라는 제목은 저절로 그 이유를 상상하게 만듭니다. 저도 학생들에게 '그 이유를 상상해 보라.'고 요청했더니 학생들은 상당히 재미있는 이야기를 해 주었습니다. 한 모둠은 '자기만 들어갈 수 있고 지나갈 수 있는 곳이어서 다른 사람에게 들킬까 봐.', '주인공의 흑역사와 보물이 들어 있기 때문에' 등을 언급했고, 다른 모둠에서는 '민간인을 통제하는 내용이기 때문에', '지나가지 말라는 말은 사람이 아닌 말한테 하는 것 같다.'는 이야기를 해 주었습니다. 이 놀라운 상상력이 발휘되는 것이야말로 그림책의 묘미가 아닐까 싶습니다.

그림으로 내용 정리하기

책 내용을 정리할 때는 책의 특성을 파악해서 결정하는 것이 필요합니다. 이 그림책은 글이 거의 없습니다. 대화하는 장면, 말하는 부분이 있지만 내용을 설명하는 부분은 거의 없다고 해도 과언이 아닙니다. 이럴 때는 그림으로 내용을 파악하는 것이 훨씬 중요합니다. 문제는 이 그림책의 등장인물은 너무 많아 글이나 그림을 그려 내용을 설명하기 어렵다는 점입니다. 그래서 이럴 때는 그림책 장면을 카드로 만들어 내용을 정리하는 변형된 윈도우 패닝을 사용하는 것이 좋다고 생각합니다. 그림을 소개하는 낱말을 쓰고 간단히 띠빙고도 해 보니 학생들이 내용을 즐겁게 이해합니다.

『아무도 지나가지 마!』에서는 한 장군이 이 책의 주인공이 되기 위해 그림책의 오른쪽 면으로 아무도 넘어가지 못하게 명령합니다. 그런데 이런 팽팽한 긴장 상황을 무너뜨리는 것은 바로 공 하나입니다. 아이가 오른쪽 면으로 넘어간 공을 줍기 위해 넘어가고, 그 장소를 지키던 군인 '구아르다'가 눈을 감아 주면서 사람들은 우르르 넘어갈 수 있게 됩니다. 장군은 구아르다를 체포하라고 명령하며 사태를 저지하려 하지만 시민의 단결로 오히려 군인들은 무장을 해제하지요. 이에 마음이 상한 장군은 이 그림책을 떠나겠다고 선언합니다. 요즈음 홍콩을 떠올리게 하는 장면이 아닌가 싶습니다. 우리나라의

5.18이나 1987년 6월 항쟁, 촛불항쟁 같은 역사적 계기에서도 비슷한 장면을 떠올릴 수 있습니다.

그림책 한 장면, 다른 내용 상상하기

그림책은 해석과 상상에 따라 다른 이야기가 만들어질 수 있습니다. 사실 같은 사람도 그림책을 여러 번 읽으면 내용이 조금씩 달라지는 경우도 꽤 있습니다. 그래서 의미심장한 장면을 다르게 상상하면 그림책이 달라지는 것을 느낄 수 있을 겁니다. 저는 학생들에게 그림책의 한 장면을 제시하고, 다른 내용을 상상해 볼 것을 제안했습니다. 제가 제시한 장면은 아무도 오른쪽 면으로 넘어가지 못하던 부분입니다. 그림책에서는 굴러가는 공이 베를린 장벽 같던 '보이지 않는 선'을 붕괴시켰지만, 학생들은 조금 다르게 상상했습니다. 저는 이 활동을 짝끼리 상상을 하여 그림을 그리도록 했는데 개 한 마리, 아이가 들고 있는 풍선, 순간 이동을 한 외계인, 그리고 고장 난 자전거 바퀴가 나왔습니다. 개를 떠올린 찬현이는 "사람들은 모두 혼란스러워 하는데, 개가 그 혼란을 틈타 오른쪽 면으로 들어갔을 것 같다."며 "개를 찾으려고 주인이 오른 쪽 면으로 넘어가고, 사람들이 뒤따라 넘어갔을 것 같다."는 이야기를 했습니다. 아이가 들고 있는 풍선을 상상한 재호와 별이는 "아이가 풍선을 찾으려고 혼자 넘어가서 그 선이 붕괴가 되었다."는 말을 해 주었습니다. 이렇듯 사소한 틈새 하나가 그토록 강력하던 저지선을 넘을 수 있는 계기가 되는 것 아닌가 싶습니다.

『아무도 지나가지 마!』 깊이 읽기

　이 그림책의 재미 중 하나는 등장인물별로 관찰하면 다양한 이야기가 나올 수 있다는 점입니다. 예를 들어, 이 그림책에는 탈옥을 한 도망자, 교신을 해야 하는 외계인 등도 등장합니다. 각 장면마다 도망자나 외계인의 위치, 반응이 조금씩 다릅니다. 그래서 장군이나 구아르다 같은 인물이 아니라 조연일 것 같은 특정 등장인물의 말과 행동, 위치에 주목하면서 그림책을 읽을 수도 있습니다. 다른 작가의 그림책이기는 하지만, 『공원을 헤엄치는 붉은 물고기』(북극곰) 같은 작품도 그런 재미가 있다는 소개를 합니다.

　사실 한국에 소개된 포르투갈 그림책은 별로 없습니다. 그나마 이자벨 미뇨스 마르틴스 이외에 베르나르두 카르발류, 마달레나 마토주, 그리고 카타리나 소브럴 등 극히 일부 작가의 작품 정도가 알려져 있을 뿐입니다. 베르나르두 카르발류의 작품은 이자벨 미뇨스 마르틴스와 같이 작업한 그림책이 많이 소개되어 있습니다. 글과 그림을 함께 한 작품으로 『바나나!』(로그프레스), 그림을 그려 2015 볼로냐 라가치상 오페라 프리마 부문 대상을 받은 『어린 산책자를 위한 아름다운 동물 도감』, 『어린 산책자를 위한 아름다운 자연 도감』(이상 우리학교)도 있으니 함께 읽어 보기 바랍니다. 『시간이 흐르면』의 그림을 그린 마달레나 마토주의 작품 중에는 『속도와 거리는 하나도 중요하지 않아』(이상 그림책공작소), 『이야기 길』(길벗어린이) 등이 번역 출간되어 있습니다. 카타리나 소브럴은 『안녕하세요』(그림책공작소), 『인어와 사랑에 빠진 거인들』(아이위즈), 『뭐야, 지구가 떠났다고』(베틀북) 등의 작품도 있으니 포르투갈 그림책의 매력에 빠져 보는 것은 어떨까요?

민주시민교육에서 함께 읽기

저는 학교나 지역교육지원청에서 주최하는 민주시민교육 연수에 이 그림책을 종종 들고 갑니다. 그럴 때면 많은 초중고 교사가 이 그림책이 지닌 매력에 푹 빠져 '어머나!' 같은 감탄사를 터트립니다. 주제가 조금 딱딱할 것 같은 민주시민교육에 이런 그림책은 분위기를 부드럽게 하며 흥미를 유발하는 좋은 자료가 될 수 있습니다. 더군다나 한국과 비슷한 경험을 갖고 있는 나라의 이런 그림책이라면 책에 대한 몰입도가 훨씬 높습니다. 『아무도 지나가지 마!』는 한 명이 주인이 아닌, 모두가 주인인 민주주의를 상상합니다. 장군이 아니라, 이 그림책에 등장하는 모든 사람을 주인공이라고 소개하는 대목이야말로 이 그림책 최고의 반전이 아닐까요? 『아무도 지나가지 마!』는 비틀거리면서도 민주주의를 더욱 발전시키고 있는 우리가 보

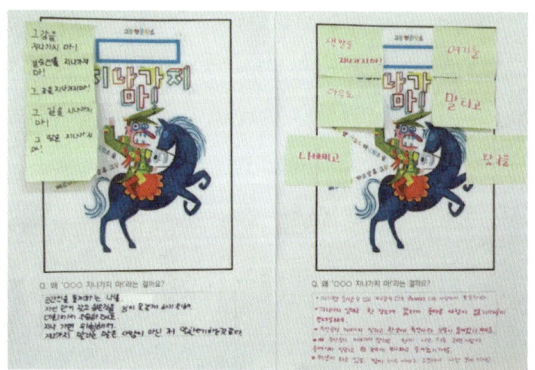

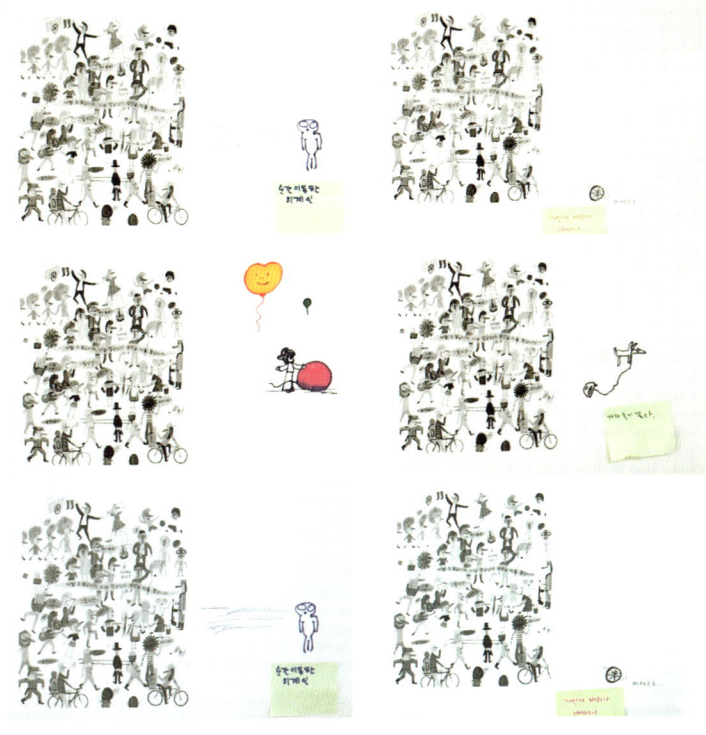

『아무도 지나가지 마!』에서 반전이 일어나는 대목.
원작에서는 공이 하나 통통 튀어 가면서 군인의 경계선이 무너졌다.
내촌초 학생들은 외계인이 순간 이동해서, 자전거바퀴살(굴렁쇠)이 굴러가서,
풍선을 날리면서 그리고 개가 경계를 지나가서 무너진 장면을 상상했다.

면 많은 생각을 하게 할 그림책입니다. 그리고 민주주의의 위기를 경험하고 독재의 유혹에 빠져드는 시기에 읽는다면 민주주의의 본질이 무엇인지 느낄 수 있을 것입니다. 아니면 어떻습니까. 그냥 읽어도 그 위트와 상상력에 무릎을 탁 치지 않을까 싶습니다. 그대 상상력에 권력을!

그대,
걱정 말아요

『걱정 상자』와 감정 읽기

요즈음 한국 그림책계에 다양한 작가가 등장했습니다. 어린이 작가도 있고, 연세가 많은 작가도 나타났습니다. 패닉과 카니발 등으로 활동했던 가수 이적, 그리고 '담다디'와 '비밀의 화원'을 부른 이상은도 그림책을 출간했습니다. 피아노 치는 그림책 작가도 있고, 세밀화를 그리는 작가도 종종 만날 수 있습니다. 건축학도 출신인 정진호 작가 같은 분도 있고, 놀이 그림책만 전문적으로 하거나 팝업북을 전문으로 하는 작가도 있습니다. 이런 다양함 위에서 한국 그림책은 발전에 발전을 거듭하고 있답니다.

『**걱정 상자**』 조미자 그림책, 봄개울

이 글을 읽고 있는 당신은 그림책 하면 어떤 것이 떠오르나요? 어쩌면 그림, 글, 색깔, 어린이책, 책축제 등을 떠올릴지 모릅니다. 또 어떤 경우에는 이야기, 상상력, 꿈, 소원 같은 것을 떠올릴 수도 있습니다. 저는 그림책에서 어린이의 마음, 따뜻함, 공감 같은 이미지를 떠올립니다. 그림책은 0세부터 100세까지 읽는 책이지만, 그래도 그림책의 중심에는 어린이의 마음이 있다고 여기기 때문입니다. 그리고 저는 어린이의 마음을 그림을 중심으로 표현한 것이 그림책이라는 생각을 하고 있습니다.

사실 그림책은 천 개의 얼굴을 하고 있습니다. 그래서 제가 정의를 내리려는 순간 그 정의를 벗어난 작품이 튀어나오는 것 같습니다. 다행히 그림책이 천 개의 얼굴을 하고 있기에 사람마다 좋아하는 경향이 다를 수 있습니다. 주제의식을 중요하게 생각하는 사람도 있고, 독창적인 상상력에 초점을 맞추는 사람, 서사구조나 그림을 더 중요하게 보는 사람도 있습니다. 여러 가지 관점 중 무엇이 딱 옳다고 말할 수는 없습니다. 어쩌면 그건 취향의 문제일 수 있으니까 말이죠.

저는 글과 그림의 조화가 잘 이뤄진 그림책을 많이 만나고 싶습니다. 그중에서도 마음까지 따뜻해지는 그림책을 좋아합니다. 가끔은 마음을 움직이는 감동적인 그림책을 보면서 눈물을 훔칠 때도 있답니다. 우연히 만난 그림책 『마음이 퐁퐁퐁』(천개의바람)이 그랬습니다. 당시에 저는 『마음이 퐁퐁퐁』을 출간한 출판사에 연락을 하여 작가와의 만남을 추진했습니다. 다행히 연락이 잘 닿았고, 학교에서 비교적 가까운 곳에 살고 있던 조미자 작가를 내촌초로 초청할 수 있었습니다. 당시에 조미자 작가는 그림책을 읽어 주고 종이 상자를 이용해 마음 상자를 만들었으며, 그 안에 '마음 조각'을 만들어 넣는 체험 활동을 준비해 오셨습니다. 작품의 특성을 잘 살린 집 모양의 마음 상자를 우리 교실 뒤쪽에 모아 '마음 상자 마을'로 몇 달간 전시했습니다. 한 학생은 마음 상자에 예쁜 마음 조각을 만들어 넣고는 조미자 작가님께 선물하기도 했습니다. 그때 저는 조미자 작가가

감정을 잘 이해하고 있다는 사실을 알아차렸습니다.

2019년에 만난 조미자 작가의 그림책 『걱정 상자』는 따뜻하면서도 감정을 잘 표현하고 있었습니다. 조미자 작가는 『내 방에서 잘 거야!』, 『내가 싼 게 아니야!』(이상 한솔수북), 『불안』(풀거) 등의 창작 그림책을 낸 그림책 작가입니다. 조미자 작가는 좋은 창작 그림책을 펴내기도 했지만 김성은 작가의 글에 그림을 그린 『마음이 퐁퐁퐁』과 『웃음이 퐁퐁퐁』(천개의바람), 그리고 진형민 작가의 글에 그림을 그린 동화 『꼴뚜기』(창비) 등의 작품으로 널리 알려져 있습니다. 또한 초등학교 교과서에도 수록된 정유경 시인의 시집 『까불고 싶은 날』(창비)에 그림을 그리기도 했습니다.

제가 심리학이나 상담에 관심을 갖고 있어서 그런지 감정을 다룬 조미자 작가의 그림책이 깊이 들어옵니다. 더군다나 조미자 작가의 거주지가 강원도 춘천이라 자주 마주칠 기회가 있었습니다. 몇 번은 작가와의 만남으로, 또 몇 번은 특별한 미술 수업으로 학교와 지역에서 조미자 작가를 초청했습니다. 그런 와중에 조미자 작가의 새 그림책 『걱정 상자』와 『불안』, 『가끔씩 나는』(풀거)을 만났습니다. 세 작품 모두 조미자 작가가 주목하는 감정에 대해 잘 다루고 있었습니다. 저는 교육대학원에서 학교상담을 전공했는데, 조미자 작가의 감정 그림책을 읽을 때 작가가 심리학에 대해 깊이 있게 공부를 했다는 느낌을 받았습니다. 어쩌면 책에서 공부한 것만이 아니라, 인생으로 부딪혀 공부한 내공이 아닐까 넘겨짚어 보기도 했습니다.

당신은 어떤 걱정을 하고 살고 있나요?

　사람은 누구나 여러 가지 감정을 갖고 살고 있습니다. 행복, 기쁨, 슬픔, 불안 등 여러 가지 감정은 시시때때로 변하며 우리와 함께하고 있습니다. 그런데 주위를 둘러보면 아무리 행복한 사람도 소소한 걱정은 갖고 있는 것 같습니다. 또 때로는 아주 큰 걱정에 신음하며 사는 사람도 볼 수 있습니다. 너무 큰 걱정에 신경쇠약이 오거나 우울해하는 사람도 볼 수 있습니다. 저는 그럴 때면 어릴 적에 읽은 '부채 장수, 우산 장수 이야기'가 생각납니다. 부채 장수와 우산 장수 자녀를 둔 어머니가 일 년 내내 걱정을 하고 살았다는 이야기였습니다. 교과서에서는 부정적인 태도 대신 긍정적인 태도를 갖고 살라고 이야기했지만, 저는 걱정을 어떻게 다룰까 이야기를 해 보면 좋을 것 같다는 생각입니다.

　사실 저는 오늘도 이런저런 걱정을 하며 삽니다. 아침에 몇 시에 일어나서 출근 준비를 해야 늦지 않을까, 아이들을 누가 몇 시에 데리러 가야 할까, 오늘 저녁식사로 무엇을 먹을까 등은 끊이지 않는 걱정입니다. 오늘 할 일을 내일로 미루고는, 그럼 내일 일이 너무 많이 쌓이지는 않을까 걱정을 하기도 합니다. 그런데 생각해 보면, 누구나 이런 정도의 걱정은 갖고 있지 않을까요? 그래서 『걱정 상자』를 읽기에 앞서 우리는 자신의 걱정을 떠올릴 필요가 있습니다. 어떤 걱정은 공개적으로 밝힐 수 있지만, 또 다른 어떤 걱정은 다른 사람에게 들킬까 두려울 수 있습니다. 그래서 우리는 걱정을 소중하게, 그리고 아주 조심스럽게 다뤄야만 합니다.

『걱정 상자』의 주인공은 도마뱀 주주와 호랑이 호입니다. 속표지를 보면 "걱정이 많아서 걱정이고, 그러다 보면 또 걱정이고."라는 주주의 이야기가 나옵니다. 주주를 보면 마치 고사성어 '기우'^{杞憂}가 떠오릅니다. 호랑이 호는 도마뱀 주주에게 상자를 보여 주며 "여기에 네 걱정을 담는 거야."라고 제안을 합니다. 그런데 도마뱀 주주의 걱정은 하나둘이 아니었습니다. 주주의 걱정을 상자에 넣어 보니 상자가 산더미처럼 쌓입니다. 둘은 걱정 상자를 아주 재미있게 날려 버립니다. 저는 이 대목에서 『걱정 상자』 출간 전에 나누었던 '마음 상자 만들기' 활동이 떠올랐습니다. 어쩌면 그때 이미 『걱정 상자』의 주요 내용이 만들어진 건 아닐까 생각도 해 봤습니다.

　2019년 12월, 졸업을 앞둔 내촌초 6학년 학생들과 『걱정 상자』로 수업을 나눈 기억이 납니다. 저는 '당신의 걱정은 무엇입니까?'라는 질문을 했고, 학생들은 1인당 다섯 가지 정도의 걱정을 떠올렸습니다. 이날 나온 걱정에는 △교복이 맞지 않을까 걱정 △ 게임 중독이어서 걱정 △고등학교를 어디로 가야 할지 걱정 △공부량이 다른 사람보다 적은 것 같아 걱정 △잘하는 것이 없어서 걱정 △너무 생각을 안 해서 걱정 △커서 부모님께 할 수 있을지 걱정 등 참 많은 걱정이 나왔습니다. 우리는 각자의 걱정을 종이에 써서 눈송이처럼 둥글게 구겼습니다. 그리고 미리 준비한 걱정 상자에 그 걱정을 넣었지요. 그리고 걱정 상자를 걷어차며 "걱정아 날아가라!"를 외치는 활동을 했습니다. 한 줄로 서서 모두 다 걱정 상자를 차 버렸는데, 속이 참 시원했습니다. 어떤 학생은 엄청 세게 걱정 상자를 차더군요.

버리고 싶은 마음과 간직할 마음

사람은 저마다 버려야 할 감정과 간직해야 할 마음이 있습니다. 마음 상자에는 자신의 마음을 잘 담아 낼 수 있습니다. 집 모양의 이 상자는 어떻게 만들고 색칠하느냐에 따라 다른 상자가 됩니다. 모둠이나 학급 단위로 마치 마을처럼 만들어도 좋습니다. 이 마음 상자에는 마음 조각을 넣어 간직할 수도 있습니다. 다른 사람에 대한 고마움, 미안함, 그리고 화해의 마음을 담아도 좋습니다. 마음 조각은 작은 나무나 아이스크림 막대, 종이 등 다양한 재료를 이용해서 만들어도 됩니다. 책상 어딘가, 책장 한 구석에 마음 상자를 올려놓고 가끔 보는 것만으로도 우리는 위안을 얻을 수 있습니다.

가끔은 버려야 할 마음도 있습니다. 버려야 할 마음은 조약돌에 고이 적어 떠나보내 보면 좋을 것 같습니다. 제가 담임으로 있는 학급 학생들은 Wee스쿨로 지정된 강원학생교육원에서 2박 3일간의 상담과정에 참여한 적이 있습니다. 그 프로그램에는 뿌리 감정, 핵심 감정을 들여다보는 시간이 있었습니다. 참가 학생들은 자신이 버리고 싶은 감정을 살펴보고 조약돌에 고이 적었습니다. 그리고 강가에서 떠나보내는 의식(또는 놀이)를 해 보았습니다. 비슷한 활동으로, 걱정 상자를 만들어 부수거나 멀리 차 버리는 것도 도움이 됩니다. 그림책 『걱정 상자』처럼 진짜로 자신의 걱정을 상자에다 넣어 버리는 것입니다. 그리고 그 상자를 엉덩이로 짓누르면 걱정이 사라지는 것 같은 느낌을 받을 수 있습니다. 버리고 싶은 마음과 이렇게 작별의 식을 치르면 무엇인지 모르겠지만 부정적인 감정이나 태도가 자신과 분리되는 것 같은 느낌을 받는 경우가 있습니다. 그래서 무형의 무언가를 버린다는 것은 감정이나 이성적으로 나와 분리된다는 것을 의미하는 것이기도 합니다.

몸에 간직할 수 있는 간단한 물체에 칭찬이나 격려의 말을 써 주는 것도 좋습니다. 마치 골절 등의 이유로 병원에 입원한 사람의 깁스에 응원의 메시지를 전하는 것 같은 느낌으로 말이죠. 저는 간직해야 할 마음을 목걸이 형태의 상징물로 만들기를 좋아합니다. 자신에게 부족했던 부분을 목걸이 형태로 만들어 항상 몸에 지니고 있다면 조금 더 자신감이 생기지 않을까요?

장례식은 '살아남은 자를 위한 의식'이라는 이야기가 있습니다. 애도를 충분히 해야 고인을 잘 떠나보내고 산 사람들이 건강하게 살아갈 수 있다는 이야기입니다. 그래서 장례식 기간에는 충분히 울고, 또 미안해하고, 고인을 추억하는 이야기를 나누는 것이 좋습니다. 갑작스러운 작별이거나 아쉬운 경우일수록 더욱 적절한 애도가 필요합니다.

걱정으로 토크쇼 나누기

걱정에 대해 이야기를 나눈 다음, 내촌초 6학년 학생들과 나눈 활동은 '내가 가장 걱정 많아' 토크쇼였습니다. 각 모둠별로 가장 걱정이 많은 학생이 나와서 토크쇼를 하는 것이었죠. 돌아가면서 자신의 걱정을 이야기하는 것인데, 한 사람의 이야기를 듣고 다음 사람은 "그건 걱정도 아니야."라며 자신의 이야기를 또 해 나가는 방식이었습니다. 그러다가 걱정이 다 떨어지면 토크쇼 무대에서 탈락하는 서바이벌 토크쇼 같은 형식을 적용했습니다.

우리 반에서는 세 명이 이 요상한 토크쇼에 참여했습니다. 그런데 의외로 걱정이 많지 않은 한 학생은 일찌감치 탈락을 했습니다. 자신이 걱정이 많은 줄 알았는데, 정작 무대에서 토크쇼를 하니 걱정거리가 별로 없었던 것입니다. 자신의 걱정을 콘테스트처럼 이야기하면서 우리는 그렇게 어렵지 않게 걱정을 털어 버릴 수 있었습니다. 이 모습을 지켜본 학생 독자들도 키득거리며 웃을 수 있었고 말이죠.

걱정 상자 부수기

눈송이처럼 걱정을 구겨 넣은 걱정 상자는 어떻게 되었냐고요? '내가 가장 걱정 많아' 토크쇼까지 마친 내촌초 6학년 학생들은 걱정 상자 부수기에 나섰습니다. 우리 반 학생들의 걱정이 가득 든 이 상자를 한 학생이 발로 내리 찍어 상자의 운명이 다했습니다. 처음에는 엉덩이로 깔아뭉갤까 했는데, 학생들이 발로 부수자고 제안하더군요. 걱정 상자와 함께 그 안에 담긴 수십 개의 걱정도 함께 운명하셨습니다. 이 걱정아, 모두 날아가 버려라!

내촌초에서는 학급 규모로 걱정 상자를 만들었지만, 다르게 해도 좋을 것 같습니다. 걱정 상자를 개인이나 짝과 만들어 부수는 것도 시도해도 좋습니다. 주주의 걱정을 걱정 상자에 넣어 날려 버렸듯, 그렇게 활동하는 것도 좋다고 생각합니다.

『걱정 상자』를 읽으면 '걱정하지 말아요'라는 노래의 '그대여 아무 걱정 하지 말아요'라는 노랫말이 떠오릅니다. 사람이 아무 걱정을 하지 않고 살 수는 없겠지만, 자신의 마음을 잘 토닥이며 사는 건 어떨까요? 또 『걱정 상자』를 읽으며 『불안』도 함께 읽어 보길 추천합니다. 걱정처럼, 불안을 평생 살살 달래면서 살아야 한다는 것을 너무 잘 다룬 그림책이기 때문입니다. 오늘 이 글을 읽는 당신이 너무 슬프거나 괴로워하지 않기를, 저도 마음으로 응원합니다.

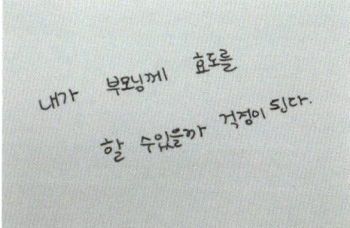

패러디 그림책으로
삶의 다른 면 살펴보기

『백설공주와 일흔일곱 난쟁이』와 비틀기

　요즈음은 1970년대에 태어난 그림책 작가들이 맹활약을 하는 시대인 것 같습니다. 한국을 비롯해 전 세계적으로 주목받는 1970년대생 그림책 작가들이 꽤 있습니다. 일본의 요시타케 신스케, 미국의 에린 베커, 영국의 에밀리 그래빗 등이 그런 작가입니다. 그림책으로 일가를 이룬 명작가들이 세상을 떠나거나 훌륭한 선배 작가로서 버텨 주고 있을 때, 이들 작가들은 패기와 원숙미를 겸비하며 좋은 작품을 많이 내놓고 있는 것 같습니다.

『**백설공주와 일흔일곱 난쟁이**』 다비드 칼리 글, 라파엘르 바르바네그르 그림, 이정주 옮김, 아르볼

스위스 출신에 이탈리아에서 살고 있고, 주로 프랑스에서 책을 펴내는 유럽인.

그렇다면 이건 어떤 그림책 작가에 대한 설명일까요? 눈치를 챈 분도 있겠지만, 이건 바로 요즈음 최고의 그림책 글 작가로 각광받는 다비드 칼리에 대한 소개였습니다. 다비드 칼리도 1970년대생 그림책 작가의 한 축을 이루는 대표적인 글작가입니다. 잘 찾아보면 한국에도 다비드 칼리의 많은 작품이 소개되어 있습니다. 볼로냐 라가치상 수상작인 『피아노 치기는 지겨워』(비룡소)를 비롯하여 굉장히 많은 작품이 번역되었습니다. 요즈음에는 1년에도 여러 권의 다비드 칼리 그림책이 소개되고 있습니다. 그야말로 요즈음 대세 글 작가라고 해도 과언이 아닙니다.

다비드 칼리의 작품은 현대사회를 날카롭게 비판하는 그림책, 어린이의 마음을 잘 담은 그림책 등 크게 두 가지 경향으로 분류할 수 있습니다. 두 가지 작품 모두 사람의 마음을 아주 잘 움직이는 수작이라 할 수 있습니다. 현대사회를 날카롭게 비판하는 그림책으로 『적』(문학동네), 『4998 친구』(책빛), 『최고의 차』(봄개울) 등이 있다면 후자로는 『완두』(진선아이), 『왜 숙제를 못했냐면요』(토토북) 등이 포함됩니다. 그리고 이 두 가지 경향 사이에 바로 『백설공주와 일흔일곱 난쟁이』가 있습니다.

이번에 함께 읽을 그림책은 다비드 칼리가 글을 쓰고 프랑스 작가 라파엘르 바르바네그르가 그림을 그린 『백설공주와 일흔일곱 난쟁이』입니다. 이 그림책은 그림 형제의 동화에 수록되어 있는 백설공주 이야기를 패러디한 작품입니다. 패러디 그림책은 원작이 유명해야만 성립 가능한 작품입니다. 백설공주 이야기는 그림 형제의 동화 중에서도 가장 유명한 작품이지요. 『백설공주와 일흔일곱 난쟁이』의 원제는 'Snow white and the 77 dwarfs'로 2015년에 출간되었습니다. 이 그림책은 백설공주가 나쁜 마녀를 피해 숲속으로 도망쳤다는 그림 형제 동화의 설정을 그대로 차용합니다. 그리고 백설공주가 '일흔일곱 난쟁이'가 사는 집으로 숨었다는 내용으로 원작의 설정을 살짝 바꾸어 이야기를 펼칩니다. 난쟁이들은 "우리 집에 얼마든지 있어도 돼요."라며 "대신 이따금 집안일 좀 도와줄래요?"라는 제안을 합니다. 백설공주는 안전하고 편안한 안식처를 찾아 무사히 도망친 것일까요?

PMI 토론: 책장을 넘기기 전에

이 그림책 책장을 넘기기 전에 먼저 PMI 토론을 해 보면 어떨까요? PMI 토론은 장점-단점-개선점(또는 특이점)을 단계적으로 토론하는 방법입니다. 발명이나 정책을 놓고 토론을 해서 아이디어를 개선해 나가는 토론이죠. 예를 들어, 이 작품을 읽고서는 '백성공주가 일흔일곱 난쟁이 집에 머물기'를 주제로 장점-단점-개선점을 찾으면 됩니다. 먼저 '백설공주가 일흔일곱 난쟁이 집에 머물기'의 장점을 떠올려 봅시다. 일흔일곱이나 되는 난쟁이가 백설공주를 보호해 주니 조금 더 안전할 수 있을 겁니다. 또 일흔일곱 명이나 되는 사람이

장점	
• 위기에 처하면 일흔일곱 명이나 되는 난쟁이가 도와줄 수 있다. • 집이 엄청 커서 백설공주가 마녀를 피해 숨을 수 있다.	
단점	개선점
• 일흔일곱 명이나 되는 난쟁이 요리를 하기 어렵다. • 보통 집과 비교하여 집안일이 수십 배 많다.	• 요리는 11명씩 당번을 정해 돌아가면서 한다. • 일흔일곱 명의 난쟁이가 역할을 정해 일을 분담한다.

사는 집은 엄청 커서, 만약 마녀가 쫓아와도 백설공주를 찾는 데 어려움을 겪을 것이 예상됩니다. 그런데 아무래도 단점도 굉장히 많아 보입니다. 백설공주는 남자만 가득한 집에 살아야 합니다. 이 대목에서 학생들은 어떤 이야기를 떠올릴까요? 이렇게 발견한 문제점을 바탕으로 해결책을 찾아 나가는 것도 흥미진진합니다.

두 가지 함정

사실 이 그림책의 설정에는 함정이 두 가지 있었습니다. 첫째는 난쟁이의 수가 원작처럼 일곱이 아니라 일흔일곱 명이라는 것입니다. 일곱 명의 사람이 한 집에 살아도 힘들 판에 일흔일곱 명이라니요. 둘째는 이들의 직업이 바로 광부였다는 사실입니다. 깊은 광산에서 하루 종일 광석을 캐고 나면 광부의 몸에는 돌가루가 가득합니다. 얼굴 이곳저곳에는 흙이 묻고, 옷 속에도 돌가루가 가득하기 마련입니다. 심지어 난쟁이가 일하는 광산은 점심 단체급식도 없어서 도시락을 싸 들고 다녀야 합니다. 아, 맙소사! 이런 환경에서 '이따금 집안일 좀 도와줄래요?'라는 제안은 애초부터 성립할 수가 없었던 것입니다.

이건 별개의 이야기입니다만, 단체 급식을 하는 나라가 생각보다 많지 않았습니다. 제가 방문했던 캐나다 중서부 지역의 경우에도 학교에서 급식을 하지 않고, 각자 도시락을 싸서 다니고 있었습니다. 여러 가지 이유가 있지만, 대표적인 이유는 급식은 부모의 의무라는 생각과 함께 알레르기 물질을 관리할 수 없기 때문이라고 합니다. 한국의 경우에 사망에 이르는 알레르기 질환이 그렇게 많지 않지만, 일부 나라에서는 호흡곤란과 사망에 이르는 심각한 알레르기 질환이 상당하다고 이야기하더군요. 그러니 현실에서도 일흔일곱 난쟁이 광부가 있다고 하더라도 도시락을 싸 들고 광산으로 향했을 가능성이 있습니다.

다시 그림책으로 돌아와 보겠습니다. 백설공주는 일흔일곱 난쟁이 집에 온 지 얼마 지나지 않아 완전히 지쳤습니다. 그래서 결국 백설공주는 마녀에게 연락을 하게 되지요. 백설공주는 마녀의 독사과를 먹고 잠이 들려고 합니다. 그것도 하나가 아니라 두 개를 먹고 아무도 그녀의 휴식을 방해하지 못하게 하리라는 마음을 먹습니다. 가사노동의 힘겨움을 아는 사람들은 바로 이 대목에서 크게 공감을 합니다. 이 부분을 읽을 때 '나는 언제 집에서 쉴 수 있을까?' 하는 이야기가 어디선가 들려오는 것 같지 않으신가요?

가사노동과 성역할

이 그림책은 한국에서 유아 그림책으로 분류되어 있습니다. 유아 그림책은 만 3~7세 어린이를 주독자로 하고 있습니다. 원작인 '백설공주 이야기'가 유아에게 유명하고, 이 작품의 그림도 애니메이션 같기 때문일 겁니다. 하지만 이 그림책이 전하는 메시지는 가볍지만은 않습니다. 이 작품은 재치 있고 입꼬리가 올라가게 하는 재미를 갖췄지만, 밑바닥에는 성역할과 가사노동의 무게에 대한 이야기가 깊숙하게 자리하고 있습니다.

원작에서는 난쟁이가 7명이고, 다이아몬드 광산에서 일을 합니다(『백설공주와 일흔일곱 난쟁이』 면지를 잘 살펴보면 그런 정보가 담겨 있습니다). 실제로 원작에서도 난쟁이들은 백설공주가 집을 깨끗하게 유지하는 것을 조건으로 백설공주를 받아들였습니다. 이런 고전은 비틀기에 아주 좋은 재료를 제공해 줍니다. 저에게는 원작에 등장하는 백설공주가 조금 답답한 캐릭터로 보였습니다. 실제로 상당수의 페미니즘 학자들은 공주의 수동성을 비판하기도 합니다.

그런데 다비드 칼리는 백설공주를 가사노동과 성역할에 대한 문제제기로 작품을 바꿔 버렸습니다. 심지어 독사과를 이런 너무 힘든 가사노동에서 벗어날 수 있는 방법으로 만들어 버리기까지 합니다. 그래서 이 작품은 어린이 입장에서도 굉장히 재미있지만, 어른이 읽어도 묵직한 이슈를 던집니다. 이런 접근은 유아와 어른을 동시에 독자로 삼는 '이중독자 전략'의 일환이라 볼 수 있을 것 같습니다.

『백설공주와 일흔일곱 난쟁이』는 가사노동과 성역할에 대해 생각해 볼 기회를 줍니다. 고전을 이용해 현실을 비트는 것이죠. 저는 이런 그림책을 읽은 후에 '우리 안의 차별 찾기' 활동을 하곤 합니다. 차별의 원인을 찾고, 그 원인에 따른 해결책을 찾는 것입니다. 너무 거창한 것을 찾을 필요는 없습니다. 가족 내에서, 학교 주변에서, 자신의 경험에서 차별을 찾으면 됩니다. 성 차별, 나이 차별, 도시와 농산어촌 차별, 피부색 차별, 인종 차별, 출신 학교 차별, 사는 동네 차별 등 차별은 참 많습니다. 차이라고 쓰지만 사실은 차별이라고 읽는 것도 상당합니다. 누군가 '차별은 발견되는 것'이라고 말합니다. 저도 그렇게 생각합니다. 이런 글을 쓰려니 육아와 가사노동을 더 많이 담당하는 아내에게 미안한 마음이 듭니다. 저의 이런 글은 모두 더 많은 일을 담당해 주고 있는 아내에게 빚을 지고 있다고 해도 과언이 아닙니다.

물론 한국의 유아 독자도 이 그림책에 담긴 메시지를 이해할 수 있을 것이라 믿습니다. 그리고 유아 독자가 이 작품을 더 많이 읽게 되면 한국사회도 조금 더 인권 친화적으로 바뀌어 나갈 것입니다.

재미있는 장면 엿보기

이 작품을 읽으면 몇 가지 재미있는 장면을 볼 수 있습니다. 일단 이 그림책의 그림은 애니메이션을 보는 것 같습니다. 그림 작가 라파엘르 바르바네그르는 애니메이션을 전공했습니다. 라파엘르 바르바네그르가 나온 에밀 콜 학교^{에콜 에밀 콜}는 우리로 치면 '애니메이션 고등학교+대학' 정도가 되는 예술학교입니다. 이 그림책은 마지막 책장을 덮으면 한 편의 애니메이션을 본 것 같은 느낌이 드는 작품입니다. 그래서 주제의 심각함에도 불구하고 어린이도 부담 없이 볼 수 있는 그림책인 것 같습니다.

또 하나 재미있는 것은 일흔일곱 명의 난쟁이에게는 모두 이름이 있다는 사실입니다. 보통, 이 정도로 등장인물이 많은 그림책의 경우 등장인물 모두에게 이름을 부여하지는 않습니다. 그런데 이 그림책에는 '소금', '돼지감자', '물수건', '대포알', '비데'처럼 웃긴 이름을 포함해 일흔 일곱 명의 난쟁이 이름을 모두 소개하고 있지요. 저는 이것을 평범한 사람에 대한 존중이라 생각하고 있습니다. 다비드 칼리는 거대 담론에 대한 문제제기와 함께 일상의 삶을 굉장히 존중하는 작가입니다. 그래서 저는 현대사회에 비판적이지만 따뜻하고, 세상을 조금 더 아름답게, 그리고 어린이의 마음을 잘 소개하는 그의 작품을 사랑합니다.

부록1 | **책에 실린 그림책을 소개합니다.**

『콰앙!』
조원희 글·그림 | 시공주니어 | 2018

『중요한 문제』, 『이빨 사냥꾼』 등으로 큰 사랑을 받고 있는 조원희 작가의 그림책이다. '콰 앙!'이라는 의성어가 독자의 호기심을 자극한다. 곤경에 처한 어린아이를 먼저 보여 주 고, 같은 상황에 처한 어린 동물을 보여 준다. 사람들은 각각 어떤 반응을 보일까? 책을 읽고 나면 도시 속에 보이지 않는 동물들을 찾아 두리번거리는 스스로를 발견하게 된다.

『1초마다 세계는』
브뤼노 지베르 글·그림 | 권지현 옮김 | 미세기 | 2019

2019 볼로냐 라가치상 논픽션 부문 우수상을 수상한 작품이다. 1초, 초침에 째깍하고 넘 어가는 그 짧은 순간에 세상에는 어떤 일들이 벌어지고 있을까? 통계를 바탕으로 1초 간 벌어지는 일을 그래픽 작업으로 독자에게 제시한다. 숫자를 눈으로 더듬다 보면 지 구 위의 우리는 모두 연결되어 있음을 새삼 느끼게 된다. 논픽션 그림책의 매력이 한껏 돋보이는 작품이다.

『다니엘이 시를 만난 날』
미카 아처 글·그림 | 이상희 옮김 | 비룡소 | 2018

몸소 다니면서 직접 시가 뭔지 묻고 다니는 조금은 이상한 아이가 나오는 그림책. "공원 에서 시를 만나요. 일요일 6시" 안내문 하나에 월요일부터 토요일까지 분주하게 동물 친구들과 이야기를 나누는 아이. 시 한 구절에 촉촉해지는 마음, 아름다운 색의 향연에 푹 적셔지는 마음. 어느새 마음이 노을이 된 것만 같다.

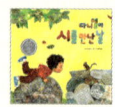

『B가 나를 부를 때』
수잔 휴즈 글 | 캐리 소코체프 그림 | 김마이 옮김 | 주니어김영사 | 2018

왕따 문제를 에두르지 않고 직면하여 다룬 작품. 이유 없이 나를 싫어하는 B, 나에게 눈을 흘기는 B, 그걸 보면서도 아무런 행동도 하지 않는 친구들이 함께 원망스러워진다. 그 과정에서 주인공이 겪는 상처와 고민이 여실히 드러나지만 다행스럽게도 곁에서 그걸 지켜봐 주는 엄마가 있다. 주인공이 꼬인 관계를 풀어 가는 방법은 예상을 벗어난다. 독자는 생각에 빠진다. 만약 나라면?

『내가 책이라면』
쥬제 죠르즈 레트리아 글 | 안드레 레트리아 그림 | 임은숙 옮김 | 국민서관 | 2012

우리는 책에게 말을 거는 건 우리라고 생각하지만, 사실은 책이 우리에게 말을 걸고 있는 건 아닌가 하는 생각이 든다. 여러 가지 문장으로 말을 건네는 책의 독백을 모은 책. 때론 간절하게, 때론 근사하게. 나를 한 번 읽어 보지 않겠냐고, 나는 잊히기 싫다고, 나는 꼭 이런 책이 되고 싶다고 다짐하는 책들. 이 순간만큼은 책장을 넘기는 내가 아주 조금, 더 멋진 사람이 된 것만 같다.

『울타리 너머』
마리아 굴레메토바 글·그림 | 이순영 옮김 | 북극곰 | 2019

'당신은 얼마나 자유로운가요?' 독자에게 질문하는 그림책이다. 남자아이 안다와 함께 지내고 있는 돼지 소소. 안다가 정해 주는 옷, 차려 주는 옷을 입고, 안다가 하고 싶은 놀이를 같이 하는 생활에는 아무런 불편함이 없다. 그러던 어느 날, 사촌 멧돼지 산들이를 만나게 되자, 소소는 갑자기 이 생활이 견딜 수 없어졌다. 소소는 어떤 선택을 하게 될까?

『전쟁』
조제 죠르즈 레트리아 글 | 안드레 레트리아 그림 | 엄혜숙 옮김 | 그림책공작소 | 2019

단호한 문장과 어두운 색 사용으로 독자를 압도하는 책이다. 작가가 무거운 마음으로 3년을 꼬박 작업했을 만큼 무게감이 있는 작품. 그림책은 텍스트와 그림의 앙상블이 가장 극대화되는 '종합 예술'이라는 말을 여실히 증명하는 그림책이다. "전쟁은 듣지 않고, 보지 않고, 느끼지 않는다." 전쟁을 묘사하는 문장만으로도 우리는 얼어붙는다. 그러나 책장을 결코 덮지는 않을 것이다.

『When sadness comes to call』
Eva Eland | Anderson Press Ltd | 2019

'띵동.' 초인종이 울려 반가운 마음에 달려 나갔는데 반갑지 않은 손님이 문 앞에 서 있다면? 게다가 그 손님이 마음대로 집 안으로 들어와 내 일거수일투족을 따라다닌다면? 나의 것이지만 내 맘대로 되지 않는 감정, 슬픔을 다룬 그림책이다. 아이는 슬픔이를 밀어내거나 쫓아내지 않고 조용히 함께 오롯한 시간을 보낸다. 감정에게도 시간이 필요하다.

『발레리나 토끼』

도요후쿠 마키코 글·그림 | 김소연 옮김 | 천개의바람 | 2019

따스하고 부드러운 손이 내 등을 두드려 주는 듯한 느낌의 그림책이다. 숲 속에서 살던 아기 토끼 한 마리가 노오란 불빛이 새어 나오는 발레 학교를 몰래 훔쳐만 보다 용기를 내어 문을 두드린다. 토끼가 발레를 할 수 있을까? 깜짝 놀라긴 하지만, 문을 활짝 열어 주는 발레리나들. 아기 토끼가 한 동작 한 동작 배워 나가는 걸 보면 미소가 절로 지어진다.

『텅 빈 냉장고』

가에탕 도레뮈스 글·그림 | 박상은 옮김 | 한솔수북 | 2015

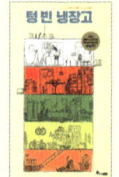

2015년 볼로냐 라가치상 북 앤 시즈 부문 수상작으로, 한 아파트에 사는 사람들의 면면을 보여 준다. "밥 한 끼 해요." 라는 말이 전혀 무게감이 없는 시대, 사람들은 끼니도 거르기 일쑤다. 배가 고파 이웃집에 문을 두드리기 시작한 사람들이 만들어 내는 즐거운 일. 갑자기 따끈한 음식을 가득 담아 옆집에 노크를 하고 싶어진다.

『완벽한 계획에 필요한 빈칸』

쿄 매클리어 글 | 홀리아 사르다 그림 | 신지호 옮김 | 노란상상 | 2016

조금은 빈틈이 있어도 괜찮다고 속삭이는 그림책이다. 현대사회에서 그 누구보다도 가장 자신을 착취하는 것은 바로 자기 자신. 뭔가를 하고 있지 않으면 안 된다고, 실수를 해선 안 된다고 다그치다 보면 어느새 중요한 것들을 놓치기 일쑤다. 쉬지 않고 메모를 해 대는 메모광 가족에게 느닷없이 찾아오는 정체를 알 수 없는 남자. 그는 이 가족의 일상에 아름다운 균열을 만들어 낸다.

『왜냐면 말이지…』

맥 바넷 글 | 이자벨 아르스노 그림 | 공경희 옮김 | 시공주니어 | 2019

오로지 질문과 대답으로만 이루어진 책. 밤이 깊은 시각, 아빠는 아이를 재우려 하고, 아이는 좀처럼 자지 않으려고 한다. "왜 바다는 파래요?" "왜 나뭇잎은 색깔이 변해요?" 질문은 아름답고, 대답은 경이롭다. 자그마한 방에서 오가는 대화, 상상은 무한히 커지기만 한다. 책장을 덮고 나면 갖가지 질문들을 풍선처럼 둥둥 하늘에 띄우는 상상을 하게 된다.

2부

『밴드 브레멘』
유설화 글·그림 | 책읽는곰 | 2018

『슈퍼 거북』 등을 쓰고 그린 유설화 작가의 패러디 그림책이다. 상처받은 동물과 사람 이야기를 다뤘다. 뒤쪽의 포털 사이트 장면은 유설화 작가의 작품과 관심사가 녹아 있어 보는 재미가 쏠쏠하다. 원래는 상처받은 사람 이야기가 있었는데, 분량 관계로 사연이 통편집되었다고 한다. 역시 유설화 작가는 패러디 그림책에 재능이 있다. 숨어 있는 이야기를 상상해 봐도 좋을 작품이다.

『스마트폰을 공짜로 드립니다』
미우 글·그림 | 노란돼지 | 2018

『사탕괴물』, 『파이팅!』을 쓰고 그린 미우 작가의 작품이다. 별주부전을 패러디하고 인기 아이템인 스마트폰을 소재로 활용했다. 용왕이 병이 들어 토끼의 간이 필요하다는 설정 자체는 그대로 살렸다. 역시 공짜는 없다는 말을 기억해야 한다. 스마트폰에 집중해서 검지와 눈만 살아 있는 모습은 요즘 세태와 잘 맞아떨어진다. 심리학과 접목한 대목은 작가로부터 직접 이야기를 들어도 좋다.

『싸워도 우리는 친구!』
이자벨 카리에 지음 | 김주열 옮김 | 다림 | 2016

『아나톨의 작은 냄비』로 명성을 얻은 이자벨 카리에의 작품이다. 한국에서 자주 볼 수 없는 현대 프랑스 그림책으로, 친구 관계에 대해 다뤘다. 엉킨 실마리를 풀다 보면 정작 문제가 되는 것은 아주 일부라는 이야기를 하고 있다. 좋은 관계가 오래 유지되기 위해서는 갈등을 잘 풀어 나갈 수 있어야 한다는 단순하지만 좋은 관점을 견지하고 있다. 짧지만 깊이 있고, 단순하지만 명쾌한 작품이다.

『다다다 다른 별 학교』
윤진현 글·그림 | 천개의바람 | 2018

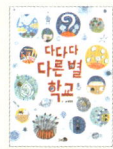

『다다다 다른 별 학교』에 나오는 아이들 역시 작아도 별, 물음표 별, 눈물나 별, 숨바꼭질 별 등 모두 다 다른 별에서 왔다. 각각의 별은 아이들의 모습이나 성격과 딱 맞아떨어지는 특별하고 재미난 별이다. 열세 명의 아이들 가운데 같은 별에서 온 아이는 하나도 없다는 것이다. 심지어 선생님도 외계인이라는 설정은 반전이자 흥미로운 내용이다. 개성 넘치는 작품으로 학교 교사가 특히 좋아하는 그림책이다. 어린이집, 유치원과 초등학교 교사라면 누구나 공감할 만한 작품일 것이다.

『머나먼 여행』
에런 베커 지음 | 웅진주니어 | 2014

『머나먼 여행』은 이른바 '여행 3부작'의 출발점인 그림책으로 에런 베커의 첫 그림책이다. 글자가 없는 데도 스토리텔링이 너무 자연스럽다. 주인공은 우연히 발견한 마법의 펜으로 여행을 떠난다. 그리기만 하면 현실이 되는 마법의 펜은 상상력과 어린이의 마음이 빚어낸 산물이다. 이 작품은 2014년 칼데콧 명예상 수상작으로, 에런 베커 열풍의 진원지가 되었다. 후속편인 『비밀의 문』, 『끝없는 여행』과 함께 보면 더 좋다.

『이상한 집』
이지현 지음 | 이야기꽃 | 2018

『이상한 집』은 『수영장』, 『문』 등 독특한 작품 세계를 펼쳐 온 이지현 작가의 그림책이다. 이 마을에는 이상한 집들이 모여 있다. 쭉 뽑아 올린 듯 길쭉한 집, 꾹 눌러놓은 듯 납작한 집, 엄청 커다란 집, 보이지도 않을 만큼 쪼끄만 집 등 모양이 이상한 집이 보인다. 뜨거운 집, 차가운 집도 있고 높다란 집, 위태로운 집, 거꾸로 선 집도 있다. 놀라운 상상력으로 재미있는 이야기를 펼친다. 2019년 책날개 심사에서도 호평받은 작품이다.

『3초 다이빙』
정진호 글·그림 | 스콜라 | 2018

특별히 잘하는 게 없는 아이. 달리기도 느리고, 수학 문제도 잘 못 풀고, 급식 먹는 것조차 다른 아이들보다 느리다. 누군가를 이겨야 하고, 남들보다 빨라야 하는 시대지만, 이 아이는 꼭 누군가를 이기고 싶은 생각이 없다. 대신 뚱뚱하든 말랐든, 키가 크든 작든, 공부를 잘하든 못하든 모두 똑같이 3초면 물속으로 풍덩 뛰어들 수 있는 다이빙대가 좋다. 다이빙을 통해 다시 생각하는 경쟁의 의미가 신선하다.

『사소한 소원만 들어주는 두꺼비』
전금자 그림책 | 비룡소 | 2017

전금자 작가의 첫 작품으로 2017년 황금도깨비상을 수상했다. 주인공 훈이는 등굣길에 우연히 두꺼비 한 마리를 구해준다. 두꺼비는 은혜에 보답하고자 '꼭 사소한 소원 한 가지'를 들어주겠다고 한다. 하지만 사소하다고 생각해 말한 훈이의 소원은 두꺼비에게 매번 거절당하고 만다. 마지막이 되어서야 두꺼비는 사소하고 사소한 소원 하나를 들어준다. 사소한 소원과 친구의 의미를 알아 가는 재미가 있다. 교사와 학생이 특히 좋아하는 작품이다.

『감기 걸린 물고기』

박정섭 그림책 | 사계절 | 2016

소문, 거짓말, 따돌림을 소재로 한 풍자적인 그림책이다. 짙푸른 바다를 배경으로 점점 줄어드는 물고기 떼를 몸통이 툭툭 잘려 나가는 것처럼 표현하는가 하면, 빨강 노랑 같은 원색으로만 면을 가득 채운 그림이 시선을 끈다. 상대방의 분열을 위해 유언비어를 퍼트리고, 그 유언비어에 휘둘려 이웃을 내치는 모습은 우리 사회를 돌아보게 만든다. 약자의 유일한 무기는 단결과 협력이라는 것을 잊지 않게 만드는 작품이다.

『아무도 지나가지 마!』

이자벨 미뇨스 마르틴스 글 | 베르나르두 카르발류 그림 | 민찬기 옮김 | 그림책공작소 | 2016

책의 앞 면지에는 62명의 등장인물이 나온다. 이 작품의 주인공은 누구일까? 장군은 자신이 주인공이 되기 위해 오른쪽 면으로 아무도 넘어가지 못하라는 명령을 내린다. 군인에게 지팡이를 휘두르는 알비노 할아버지, 숨이 막혀 얼굴이 빨개지는 우주인 넬루, 고향으로 돌아가기 위해 교신을 해야 하는 외계인 마르셀리누, 도망가야 하는 탈옥수 살가두와 이시도루, 공사를 해야 하는 밥과 조지 등 모두가 자신들의 이야기를 하고 있다. 민주주의와 독재에 대해 다시 생각할 수 있는 그림책이다.

『걱정 상자』

조미자 그림책 | 봄개울 | 2019

『마음이 퐁퐁퐁』의 따뜻한 그림으로 주목받은 조미자 작가의 창작 그림책이다. 도마뱀 주주와 호랑이 호는 친한 친구이다. 요즘 주주는 걱정이 많아져서 웃음까지 잃어 호는 주주의 마음이 편해지는 방법을 찾아 주고 싶었다. 고민 끝에 호는 주주에게 걱정을 상자에 담으라고 했다. 주주의 걱정 상자는 산더미였다. 호는 주주에게 괜찮다고 위로하며 걱정 상자를 하나씩 해결해 나간다. 입가에 웃음이 감도는 따뜻한 감정 그림책이다.

『백설공주와 일흔일곱 난쟁이』

다비드 칼리 글 | 라파엘르 바르바네그르 그림 | 이정주 옮김 | 아르볼 | 2017

요즈음 대세 글 작가인 다비드 칼리의 작품이다. 옛날 옛날에, 백설공주가 마녀를 피해 숲속으로 도망쳤다. 백설공주는 일흔일곱 난쟁이의 집으로 숨었다. "우리 집에 얼마든지 있어도 돼. 대신 이따금 집안일 좀 도와줄래요?" 난쟁이들은 백설공주를 반갑게 맞았다. 하지만 일흔일곱 명이나 되는 난쟁이들의 이름을 외우고 빨래하기, 밥 차리기, 도시락 싸기, 설거지하기 등 할 일이 너무 많았다. 백설공주는 마녀의 사과를 두 개나 먹고 스스로 영원한 잠을 선택한다. 성평등한 사회를 꿈꾸는 다비드 칼리의 재치 있는 작품이다.

부록2 | 쉽게 만나는 그림책 수업 방법

연꽃 발상 기법

생각을 정리하거나 책 내용을 정리할 때 쓰는 방법 중 하나입니다. 1개의 대주제 - 4개의 소주제 - 16개의 세부 생각으로 구성되고, 규

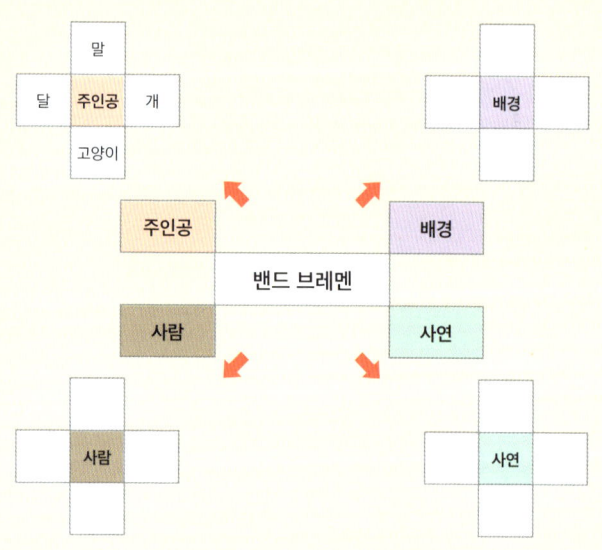

『밴드 브레멘』을 주제도서로 예시

칙적으로 확장되는 마인드맵의 성격을 갖고 있습니다. 만다라트를 축약한 것 같다고 해서 '미니 만다라트'라고 설명하는 경우도 있습니다.

간단한 구조여서 그림책을 읽고 내용을 정리하기에 적합합니다. 예를 들어, 대주제가 '밴드 브레멘'이면 소주제(4개)는 주인공, 배경, 사람, 사연 등이 될 수 있습니다. 더 나아가 주인공은 말, 닭, 개, 고양이 등으로 확장할 수 있습니다. 여러 명이 힘을 합쳐 연꽃 발상 활동지의 내용을 채울 때에는 합의를 하는 것이 가장 중요합니다.

지우개 지우기

'지우개 지우기'는 독서 전 활동 중 책 표지만 보고 내용을 예측할 때 사용하는 방법입니다. 책을 읽기 전에 하는 '독서 전 활동'은 관찰하기와 예측하기 등 두 가지가 중심입니다. 그중에서 '지우개 지우

그림책 표지만 보고 이 책에 등장하지 않을 것 같은 낱말을 5개 지워주세요.

▼정답

이슬	용궁	터널	케이크	간		이슬	용궁	터널	케이크	간
큰소리	도깨비	통화료	해	새		큰소리	도깨비	통화료	해	새
산	구름	자전거	빗방울	로밍		산	구름	자전거	빗방울	로밍

『스마트폰을 공짜로 드립니다』를 주제도서로 예시

기'는 책 표지를 관찰한 후 내용을 예측하여 책과 관련 없는 낱말 또는 관련 있는 낱말을 찾는 활동입니다.

보통 15개 내외의 낱말을 제시하고 1/3 정도의 관련 없는 낱말 또는 관련 있는 낱말을 찾도록 합니다. 관련 없는 낱말을 찾는다면 나머지 2/3는 책과 관련이 있는 낱말이 되니 이 활동을 통해 책 내용을 예상할 수 있습니다. 어린이 독자가 가장 좋아하는 활동입니다.

초성퀴즈

독서 활동에서 초성퀴즈는 낱말의 뜻을 익히거나 어휘력을 높일 때 사용하는 방법입니다. 초성퀴즈는 퀴즈, 그러니까 놀이 형식이라 거부감이 별로 없습니다.

보통 독서 활동으로 초성퀴즈를 제시할 때는 초성과 함께 힌트, 관

힌트 : 우리는 모두 ○○ (인간)	힌트 : 베스트 프렌드 (그냥 벗이 아니라 아주 친한)	힌트 : 너와 나는 ○○ (그림책 제목)	힌트 : 나쁜 ○○ (감정)
힌트 : 시간이 좀 지난 ○○○ (갑자기)	힌트 : 피트와 패트가 좋았을 때 (좋은 느낌, 감정)	힌트 : 제주도○○, 해외○○ (다른 곳을 돌아보는 것)	힌트 : 배 위로 비가 올 때 (비 오는 소리)
힌트 : 몸과 ○○ (몸속에 있는 보이지 않는)	힌트 : 아, ○○해 (따분하고 싫증 나는)	힌트 : ○○ 사과해! (한쪽이 아닌)	힌트 : 실이나 끈을 묶은 자리 (얽힌)

위에는 초성, 아래에는 힌트를 제시한 그림책 초성퀴즈 형식

련 쪽수를 알려 줍니다. 그런데 그림책에는 쪽수가 없는 경우가 대부분이므로 쪽수를 빼고 초성과 힌트만 알려 줘도 됩니다. 조성퀴즈를 풀다 보면 자연스럽게 핵심 낱말을 익히고, 그 낱말의 뜻도 이해할 수 있습니다. 지식 정보 그림책에서 활용해도 좋습니다.

만다라트

생각을 정리하거나 책 내용을 정리할 때 쓰는 방법 중 하나입니다. 1987년 일본에서 개발된 창의적 아이디어 정리 방법으로, 일본의 야

『다다다 다른 별 학교』를 주제도서로 예시

구 선수 오타니 쇼헤이 덕분에 유명해졌습니다.

1개의 대주제-8개의 소주제-64개의 세부 생각으로 구성되고, 규칙적으로 확장되는 마인드맵의 성격을 갖고 있습니다. 세부 생각의 개수가 많아 단일 사건이거나 등장인물이 적은 그림책에서는 잘 사용하지 않지만, 『슈퍼 거북』이나 『밴드 브레멘』 등 서사가 긴 그림책이나 『다다다 다른 별 학교』처럼 등장인물이 많은 경우에서는 사용할 수 있습니다. 칸이 많으므로 B4로 인쇄해서 사용하는 것이 좋습니다.

한 줄 글쓰기

'한 줄 글쓰기'는 생각이나 감정을 짧은 문장으로 표현하고, 그 문장을 모아 글을 만드는 방법입니다. 모둠 활동으로 모둠원은 5명 내외가 가장 적당하고, 각자는 한 문장만 쓰면 됩니다.

독서 활동으로 할 때는 책을 읽고 나서 감상문 쓰기 활동으로 해도 됩니다. 다른 사람이 쓴 글을 안 보고 한 문장을 쓰는 것이 영향을 덜 받을 수 있는 방법입니다. 다섯 명이 글을 쓴다고 하면 같은 주제로 각자 한 문장씩을 쓴 후, 문장 순서만 바꿔서 글을 완성합니다. 문장 순서를 이리저리 바꾸며 마치 한 명이 쓴 것처럼 완성도를 높이면 됩니다.

책 제목 맞히기

'책 제목 맞히기'는 책 표지에서 제목 부분을 지운 활동지를 만들고 그림 등을 활용해 제목을 맞히는 활동입니다. 독자가 아직 읽어 보지 않은 그림책 중에서 표지를 활용해 활동지를 만들면 됩니다. 그림책 표지에는 굉장히 많은 정보가 담겨 있습니다.

이 활동은 그림책 표지에 담긴 정보를 찾아내고 분석해서 책 제목을 찾게 하는 퀴즈 성격이 있습니다. 예를 들어, 『이상한 집』에서 책 제목을 삭제한 활동지를 제공하면 독자는 책 표지 정보를 분석하여 제목을 찾는 활동입니다. 이때 제목의 글자 수 정도를 힌트로 주면 독자가 책 제목을 알아내는 데 도움이 됩니다. 교과서에 수록된 그림책으로 하면 난이도를 낮출 수 있습니다. 신간이나 글자 수가 많은 그림책 제목을 제시하면 난이도가 올라갑니다.

책 제목으로 내용 예측하기

'책 제목으로 내용 예측하기'는 책 제목만 알려 주고 다른 정보는 주지 않은 상태에서 독자에게 책 내용을 예측하게 하는 활동입니다. 한 문장에는 한두 가지 정보만 담게 하여 활동하면 됩니다.

예를 들어, 『3초 다이빙』을 읽지 않은 독자에게 이 그림책 제목만 제시하고 어떤 내용의 그림책일지 10가지를 써 보라고 제시하는 것입니다. 이 방법은 독서 하브루타에서 활용하는 방법입니다.

책 제목 대신 시작하는 한 문장을 제시한 후 내용을 예측해 보라는 방법도 있습니다.

책 표지 관찰

'책 표지 관찰하기'는 독자의 관찰력을 높이는 활동입니다. 이 활동에서는 우선 그림책 표지에 담긴 정보를 최대한 자세하게 관찰하도록 주문을 합니다. 제한 시간은 앞표지에 담긴 정보량을 고려해서 제시하는데, 보통 10분 정도가 적당합니다. 혼자 책 표지를 관찰하는 것보다 여럿이 관찰하는 것이 낫습니다. 관찰한 내용은 모둠원 중 한 명이 종이에 기록하는 것이 좋습니다.

관찰하기의 두 번째 목적은 관찰과 예측의 차이를 경험하는 것입니다. 정보는 관찰 후에 분석을 해야 하는데, 우리는 관찰 대신 예측을 하는 경우가 많습니다. 예를 들어,『사소한 소원만 들어주는 두꺼비』앞표지를 관찰할 때 "두꺼비가 오른쪽 앞다리를 앞으로 뻗었다."고 기록하면 되는데, 예측이 앞서면 "두꺼비가 오른쪽 앞다리를 뻗어 마법을 부리고 있다."는 식으로 나아갈 수 있습니다. 이건 (잘못된)예측으로, 관찰에서 경계해야 할 부분입니다.

활동을 마친 후 각 모둠별로 관찰 결과를 발표하고, 정확하게 관찰한 내용이 많은 모둠에게 칭찬이나 소정의 선물을 전달하면 됩니다.

협상토론

'협상토론'은 입장이 상반되는 양측으로 나뉘어 역할극을 하며 합의문을 작성하는 토론 방식입니다. 우리나라에서는 중학교 3학년 국어 교과서에서 수록하고 있고, 프랑스나 독일에서 모의 노사교섭 등에 적용하는 토론 방법입니다.

참가자는 두 팀 동수로 나누고, 실제 역할에 맞게 전략을 짜고 협상을 펼칩니다. 따라서 협상토론 참가자는 4명, 6명, 8명 등 짝수로 구성되어야 합니다. 주제는 한 팀의 이익이 다른 팀의 손해가 되도록 구성하고, 현실에서 벌어질 만한 상황을 제시해야 합니다.

보통 3라운드까지 협상을 진행하고, 각 라운드가 끝나면 휴식과 함께 같은 팀이 협의할 수 있는 시간을 줍니다. 3라운드까지 진행한 후 합의문을 작성하고, 만약 합의문을 작성하지 못하면 양쪽 모두 실패한 것으로 봅니다.

한 장면 패러디

'한 장면 패러디'는 인상적인 한 장면을 이용해서 패러디를 하는 활동입니다. 예를 들어 그림책 『아무도 지나가지 마!』에는 팽팽한 상황에서 공 하나가 균열을 일으키는 장면이 나옵니다. 이런 인상적인 장면을 '공'이 아니라, 다른 것이 균열을 시킨다고 생각하는 것입니다. 그림책은 글과 그림이 조화를 이루는 작품이 많습니다.

'한 장면 패러디'는 그림 기반 활동으로, 상상력을 발휘해야 하는 방법입니다. 잘 그리는 것에 초점을 맞추지 말고, 기발한 아이디어에 초점을 맞춰 진행하면 재미있는 결과가 나올 것입니다.

마음 상자 만들기

'마음 상자 만들기'는 조미자 작가가 진행하는 미술 수업이자 작가와의 만남용 프로그램입니다. 마음 상자는 종이를 이용해 직접 만들 수도 있지만, 기성 종이 집을 활용해도 됩니다. 종이 집에 창문과 문을 그리고, 자신의 마음에 들도록 디자인을 합니다. 그 안에 마음 조각을 자신이 그리거나 써서 넣어도 되고, 다른 사람에 대한 칭찬의 마음을 넣어 줘도 좋습니다.

이와 유사한 활동으로 걱정 상자 만들기가 있습니다. 조미자 작가는 그림책 『걱정 상자』에서 걱정을 상자에 담아 멀리 날려 버립니다. 현실에서 우리는 그렇게 멀리 걱정을 날려 버릴 수 없으므로 종이로 만든 걱정 상자 안에 자신의 걱정을 쓴 A4용지를 구겨 넣은 후 발로 차거나 엉덩이로 뭉기면 됩니다.

PMI 토론

'PMI토론'은 단계적 사고를 활용한 토론 방법입니다. 장점, 단점, 특이점(또는 개선점)을 순서대로 찾아서 정리하면 됩니다. 여기서 피(P)는 '더하기'의 영문 첫 글자이고 엠(M)은 '빼기', 아이(I)는 '흥미로운 점'

을 의미합니다. 토론을 단계적으로 진행하라는 이유는 이 단계, 저 단계로 왔다 갔다 하다 보면 논리적 오류가 생긴다고 보기 때문입니다. 그래서 이 토론을 할 때에는 장점을 먼저 다 찾고, 그 후 단점을 다 찾은 후, 개선점이나 보완할 점을 찾으면 됩니다.

이 토론은 중학교 기술가정에 수록되어 있는 방법이고, 초등학교 실과 교과서에는 스캠퍼^{SCAMPER}라는 방법이 등장합니다. 창의적 사고 방법을 의미하는 트리즈^{TRIZ}의 한 방법으로 분류하고 있습니다.

| 추천의 글 |

그림책의 숲,
여기로!

아름다운 숲을 지나가는 길 입구에 〈여기로〉라는 작은 팻말이 있습니다. 누군가의 안내로 들어간 그곳은 그림책의 숲입니다. 그곳은 시와도 같은, 음악과도 같은, 연극, 영화, 뮤지컬과도 같은 그림책이 있는 그림책의 숲입니다.

이제 그곳에 앉아 그림책을 펼칩니다. 김여진 선생님의 편안하고, 깊이 있는 그림책에 대한 이해와 확장의 글은 숲의 입구에 적힌 〈여기로〉라는 짧은 단어에 커다란 마법 같은 힘을 불어 넣은 듯 독자를 이끌고 이내 그림책의 숲속, 아름다운 빛과 색을 보여 주고 있습니다.

그리고 최고봉 선생님의 생생하고 유쾌한 글은 숲 안의 아름다운 빛과 색의 이야기를 독자와 함께 나누며 그림책과 함께하는 즐거움과 소통의 의미를 더욱 선명하게 만들고 있습니다.

그림책의 숲 어딘가 웃음소리, 재잘 재잘 그림책을 읽고 이야기하는 소리들이 들려옵니다. 그리고 그림책의 숲을 통해 바라보는 세상의 풍경도 보입니다.

— 『걱정 상자』, 『가끔씩 나는』 작가 조미자

| 추천의 글 |

현장에서 그림책으로
다양한 활동을

　아이들은 굳이 가르치지 않아도 자연스럽게 그림을 그립니다. 또 재잘재잘 이야기를 만들고 놉니다. 이런 모습을 보자면 우리의 원초적인 감각 속에 그림과 이야기가 들어 있다는 생각이 듭니다. 그림책은 이 두 가지를 모두 갖춘 장르입니다. 성인들을 그림책을 통해 그림과 이야기에 누구보다 가깝던 어린 시절의 감각을 일깨웁니다. 아이들은 그림책 속에서 밀도 있게 완성된 그림과 이야기로 미래의 자신들을 먼저 엿봅니다. 한 권의 그림책을 매개로 어른들은 아이로, 아이들은 어른에게로 연결되는 공감의 장이 형성됩니다. 그림책이 모든 연령에게 열려 있는 이유가 바로 여기에 있습니다. 따라서 그림책은 폭넓은 독자들에게 적용할 수 있는 폭발적 가능성을 내재하고 있습니다.
　요 근래 그림책의 수준과 보급이 성장하며 그림책의 가능성에 공감하는 이들도 덩달아 늘어났습니다. 하지만 정작 현장에서 그림책을 어떻게 읽고 활용하는지 체계적으로 정리되어 나온 자료들은 드문 형편입니다. 이때에 만난 『재잘재잘 그림책 읽는 시간』은 참 반가운 책입니다. 이 책을 집필한 김여진, 최고봉 선생님은 교육 현장에서 다양한 활동을 통해 그림책의 가능성을 직접 실험해 온 분들입니다. 책 속에 수록된 풍부한 현장 사례들은 그림책을 수업에 접목시켜 보고자 하는 분들에게 훌륭한 길잡이의 역할을 해줄 것입니다. 또한 뛰어난 주제의식을 가진 24권의 그림책을 다룸으로 그림책 자체를 이해하고 나누고 싶은 분들에게도 좋은 친구가 되어 줄 것입니다. 책 말미에는 그림책 수업에 적용할 수 있는 체계적이고 구체적인 방법들이 부록으로 제시되어 소개된 24권뿐 아니라 다른 그림책들에도 적용해 볼 수 있습니다.

『재잘재잘 그림책 읽는 시간』을 계기로 그림책의 가능성을 나누고 실천하시는 분들이 많이 늘어나 그림책에 대한 관심과 열기가 계속 이어지기를 바랍니다.

―『위를 봐요!』, 『3초 다이빙』 작가 정진호